ELOGIOS PARA
¡VENDE DIFERENTE!

Lo que los expertos de la industria opinan

"Siempre, les he enseñado a los profesionales en ventas a desarrollar formas de hacer un esfuerzo adicional constante a favor de su clientela. Sin embargo, es fundamental que ellos sean memorables debido al nivel de servicio que les brindan a todos y cada uno de sus clientes. En este libro, Lee ha compilado excelentes estrategias para lograr precisamente eso".

—**Tom Hopkins**, autor de *How to Master the Art of Selling* y *The Language of Sales*

"*¡Vende diferente!* es el libro perfecto para estos tiempos que corren. Es una hoja de ruta que te llevará a alcanzar el éxito en el campo de las ventas de hoy y de mañana, implementando estrategias precisas que te asegurarán la victoria en el único lugar que importa… tu billetera. Una vez más, Lee te mostrará cómo posicionarte para salir adelante y mantenerte a la vanguardia en la batalla de las ventas emergentes: comprando, estudiando e implementando".

—**Jeffrey Gitomer**, autor de *The Little Red Book of Selling*

"¿Por qué mezclarte con la multitud cuando puedes sobresalir entre ella? Encárgate de aprender los conceptos propuestos en este libro en lo referente a sobresalir y hacer cada vez más negocios. *¡Vende diferente!* es una lectura indispensable para todo vendedor que quiera ser un triunfador".

—**Alice Heiman,** jefe de ventas de Energizer, Alice Heiman, LLC

"Por fin, aquí tienes, en un solo lugar, las respuestas que has estado buscando. Lee te las responde todas a lo largo de esta lectura y lo mejor es que lo hace de tal manera que entiendas con gran facilidad lo expuesto en estas páginas. El contenido es tan bueno que *¡Vende diferente!* no será un libro que querrás leer solo una vez, sino que se convertirá en un recurso al cual desearás acceder durante los próximos meses y años".

—**Mark Hunter**, 'el cazador de ventas'

"Tan pronto como leí *¡Vende diferente!* supe que lo iba a agregar a nuestro plan de estudios en el área de ventas en Kansas State University. Aquí, Lee ofrece ideas implementables que, sin lugar a dudas, impulsan el rendimiento".

—**Dawn Deeter-Schmelz**, Ph.D., J.J. Vanier. Presidente y director de National Strategic Selling Institute, Kansas State University

"Para avanzar, generar y cerrar más ventas, debes ser diferente. Lee es maestro en todo lo que se refiere a ayudarles a los vendedores. Por esta razón, *¡Vende diferente!* está repleto de estrategias poderosas y probadas, y de interesantes historias que te ayudarán a optimizar tu nivel de rendimiento en las ventas y a destacarte entre la competencia".

—**Mike Weinberg**, autor de *New Sales, Simplified* y *Sales Management, Simplified*

"En el entorno de ventas actual, la mejor forma de ser efectivo y destacarte es vendiendo de manera diferente. En *¡Vende diferente!*, Lee presenta tácticas específicas que los profesionales en ventas puedan usar de inmediato, no solo para llegar a más compradores y hacer más negocios, sino basándose en sus listas de precios".

—**Art Sobczak**, autor de *Smart Calling*

"Es claro que hemos entrado en una nueva fase del crecimiento empresarial y de las relaciones comerciales. El último libro de Lee, *¡Vende diferente!*, captó a la perfección cómo hacer esa transición. Entre los muchos mensajes que me llamaron la atención está el hecho de entender por qué y cómo los vendedores necesitan saber, hoy más que nunca, cuáles son las estrategias más eficaces para aprovechar el potencial de las ventas virtuales y las conversaciones a larga distancia".

—**Bernadette Mcclelland**, Commercial Conversations Academy™

"Cuando leas *¡Vende diferente!* sabrás cómo diferenciar las diversas formas en que vendes. Y esas diferencias, al menos, en la forma en que Lee las enseña, dejarán hechos polvo a tus competidores".

—**Robert W. Bly,** autor de *The Copywriter's Handbook*

"No importa lo que estés vendiendo ni a quién le estés vendiendo o cuánto tiempo hayas estado vendiendo… el caso es que tú necesitas leer *¡Vende diferente!*, absorber los conceptos aquí expuestos y aplicarlos a tu repertorio de ventas. CÓMO vendes es tan importante, o más importante, que QUÉ vendes".

—**Nancy Nardín**, fundadora de Smart Selling Tools, Inc.

"*¡Vende Diferente!* es un libro magistral que les brinda a sus lectores una gran cantidad de ideas sobre cómo diferenciarse de manera adecuada y cerrar más tratos a los precios que ellos deseen".

—**Mike Schultz,** presidente de RAIN Group y autor de *Not Today: The 9 Habits of Extreme Productivity*

"*¡Vende Diferente!* es realmente refrescante, ya que está repleto de consejos y técnicas de aplicación inmediata que cualquier profesional en ventas podrá utilizar para vender más. Sin importar la industria en la que cada uno se desempeñe, le recomiendo este libro de manera enfática a cualquier persona. Esta es una guía universal sobre cómo ser un campeón en las ventas".

—**Gerhard Gschwandtner**, fundador
y director ejecutivo de la revista *Selling Power*

"Lo qué tiene de diferente *¡Vende Diferente!* es lo que no es. No es otro libro de consejos, ni de trucos, ni de técnicas que tendrás que memorizar. Más bien, este libro le cambia el guion al proceso de ventas tradicional, mediante pasos prácticos que están enfocados en la experiencia de compra que nosotros generamos como vendedores y dueños de negocios, haciendo que todo se centre en los compradores, no en nosotros".

—**Carole Mahoney**, fundadora de Unbound Growth

"*¡Vende diferente!* nos proporciona muchas estrategias y tácticas innovadoras, aptas para eludir las trampas más peligrosas en las ventas B2B de hoy. Desde la prospección hasta la gestión de cuentas, Lee nos guía a través del ciclo de las ventas, disipando mitos y revelando las mejores prácticas a lo largo del camino".

—**Jason Jordan**, autor bestseller de
Cracking the Sales Management Code

"Tus clientes potenciales están decidiendo si hacer negocios contigo o con tus competidores. Así que, si quieres que te elijan, las poderosas estrategias que Lee presenta en *¡Vende diferente!* te dejarán en claro que tú eres diferente de manera significativa y que tienes todo el potencial que necesitas para hacer negocios y cerrar ventas a los precios que desees".

—**Anthony Iannarino**, autor de *Eat Their Lunch: Winning Customers Away from Your Competition*

"¡Encontré gran claridad en los conceptos de *¡Vende Diferente!*, así como en las diversas estrategias para destacarme entre la fuerte competencia a la que todos nos enfrentamos en el mundo de hoy. Conté docenas y docenas de ideas prácticas que quiero implementar a partir de ahora".

—**Lori Richardson**, CEO de Score More Sales y presidente de Women Sales Pros

"Los libros de ventas van y vienen. Algunos se destacan, otros no. *¡Vende diferente!* llegó para quedarse. Es una obra repleta de técnicas relevantes que los profesionales en ventas pueden usar directamente desde el libro, ¡y de inmediato!".

—**Simon Hares**, profesional en ventas internacionales y entrenador de ventas en SerialTrainer7 Ltd.

"Lee le sigue tomando el pulso al mundo de las ventas en constante cambio y con *¡Vende diferente!* nos entrega otro libro ganador en el cual nos explica cómo diferenciarnos y sobresalir de entre la competencia, ¡independientemente de si somos novatos o veteranos en esta profesión!".

—**Larry Reeves**, COO de American Association of Inside Sales Professionals

"Para aprovechar al máximo *¡Vende Diferente!*, primero, debes comprometerte a ser diferente. Para esto, te propongo que tomes los consejos y ejemplos de Lee y los apliques en todas y cada una de las partes que conforman tu trabajo en este campo de las ventas".

—**Anthony Parinello**, autor *bestseller* de Selling to *VITO (the Very Important Top Officer)*

"*¡Vende diferente!* nos revela información relevante y aplicable para todos los que pertenezcamos al mundo de las ventas, tanto a aquel que recién ha ingresado en él hasta al líder en ventas experimentado que busca expandir su base de ventas y hacer cada vez más negocios. La naturaleza fundamental de este libro me servirá como el fundamento sobre el que construiré el plan de estudios de mi programa de ventas, mediante el cual les ayudaremos a nuestros estudiantes a dominar la estrategia de diferenciación en ventas".

—**Todd Williams,** director ejecutivo de Center for Sales Leadership and Education, University of Minnesota

"Como defensor a largo plazo de las 'ventas genuinas', fue refrescante leer las historias y los ejemplos que Lee comparte en *¡Vende diferente!* con el propósito de que los vendedores implementemos formas éticas que ayuden a nuestros compradores a concluir que la solución que les estamos brindando es la adecuada para ellos".

—**Nancy Bleeke,** autora galardonada de *Conversations That Sell* y desarrolladora de la serie de cursos Genuine Sales

Lo que opinan algunos ejecutivos corporativos

"Lee le aporta una perspectiva completamente nueva al campo de las ventas modernas. Me encanta su enfoque holístico del proceso de ventas. Sin lugar a dudas, su estilo práctico y de sentido común hace que sus conceptos sean fáciles de entender y aplicar a situaciones cotidianas. Sé de primera mano que estos principios funcionan en el mundo real, pues estoy trabajando con Lee desde hace tiempo, aplicando estas estrategias y técnicas que él propone en *¡Vende diferente!* y estableciendo récords en ventas como nunca antes lo había hecho. Entonces, si las estrategias de Lee funcionan en la industria de las motocicletas, también funcionarán en cualquier tipo de negocio".

—**Jim Woodruff,** CEO de National Powersport Auctions

"Lee volvió a lograrlo con *¡Vende diferente!* Lo posicionó proponiendo en sus páginas maneras creativas de conectarte con tus prospectos, mediante el desarrollo de relaciones basadas en conceptos simples y prácticos que hagan que tus audiencias se sientan reconocidas, escuchadas y cómodas con el proceso de ventas. Como representante de ventas durante 15 años, y ahora propietario de un negocio en el área del transporte, he tenido éxito al aplicar estas técnicas con mi equipo, ya que nuestra industria se ha mercantilizado bastante. *¡Vende diferente!* nos proporciona las herramientas adecuadas para encontrar clientes valiosos a los precios que queramos. Esta es, sin lugar a la menor duda, una lectura obligada para cualquier persona que se desempeñe en esta profesión".

—**Nicole Glenn**, CEO de Candor Expedite, Inc.

"Los vendedores no pueden simplemente confiar en los diferenciadores de sus productos para llamar la atención del comprador y destacarse en medio de la competencia. También necesitan pensar diferente y saber cómo más agregarles valor tanto a sus productos como a quienes los consumen, lo cual significa que necesitan vender diferente. Este nuevo libro de Lee te brinda las herramientas apropiadas para hacer precisamente eso. Aplica estas estrategias a tus ventas y experimentarás el éxito a niveles que nunca soñaste imaginables".

—**Brandon Steiner**, exfundador de Steiner Sports y de CollectibleXchange and AthleteDirect.com

"Si deseas que los miembros de tu equipo de ventas comiencen con el pie derecho, asegúrate de que lean *¡Vende diferente!* Ser diferente no garantiza ser mejor. Pero, en este caso, Lee muestra en qué consiste la diferenciación desde la perspectiva del cliente y de lo que este valora. Implementa las tácticas que Lee enseña en *¡Vende diferente!* y observa cómo tu equipo de ventas logra mejores resultados al ser diferente donde realmente importa: en la mente de los clientes".

—**Tim Rethlake**, vicepresidente de Trade Marketing y de Sales Trainning, Hearth & Home Technologies

"*¡Vende diferente!* está lleno de estrategias que funcionan. He visto a nuestro equipo de ventas penetrar y hacer cada vez más negocios con nuestras cuentas existentes al implementar las estrategias de Lee. No hay duda de que el entorno de ventas está cambiando rápidamente. Así que tampoco hay duda en que conocer y poner a funcionar la propuesta de "¡Vende diferente! te dará esa ventaja competitiva que todos anhelamos obtener en cualquier campo de acción".

—**Dave Kirsch,** presidente y CEO de Shippers Supply, Inc.

"Las estrategias que Lee presenta en "*¡Vende diferente!* han inspirado y revolucionado a nuestro equipo de ventas. Su propuesta ha sido una razón importante para el crecimiento de nuestra empresa hasta convertirse en una de las principales distribuidoras de TI, en Australia. Las técnicas de Lee, fáciles de entender y poner en práctica, han contribuido a elevar a óptimo el buen nivel de desempeño de nuestro equipo. Además, no solo han ayudado a nuestra empresa a crecer de manera significativa, sino que sus enseñanzas han motivado a nuestro equipo de ventas a disfrutar su trabajo genuinamente".

—**Theo Kristoris,** CEO de Leader Systems

"Hay varios cientos de personas en mi empresa que están involucradas en las ventas directas. En *¡Vende diferente!*, la enseñanza de Lee con respecto a quién es nuestro 'competidor más duro' nos ofrece una gran perspectiva. Estoy seguro de que esta forma de ver las ventas directas les ayudará a nuestros vendedores a superar ese 'factor de miedo' relacionado con su más duro competidor".

—**Jerry L. Mills,** CEO de B2B CFO®
y autor de *The Exit Strategy Handbook*

"¡Nada en *¡Vende diferente!* es teórico. ¿Cómo sé eso? Porque contratamos a Lee y él implementó todos estos conceptos y estrategias en nuestra empresa. ¿El resultado? Ventas récord mes tras mes y crecimiento explosivo durante plena pandemia. Si realmente quieres avanzar en tus esfuerzos de ventas, no te limites a leer este libro. También acepta e implementa sus enseñanzas".

—**Daryl Hancock**, ejecutivo y estratega en ejecución durante más de 20 años

"*¡Vende diferente!* cambiará permanentemente tus resultados en las ventas. He visto muchas de las técnicas de Lee en acción, a través de uno de mis clientes, quien ha ganado en cerca del 100% de sus negocios desde que decidió implementar estas estrategias en su campo de juego. ¡Funcionan!".

—**Barbara Weaver Smith**, Ph.D., fundadora y CEO de The Whale Hunters

"*¡Vende diferente!* presenta cambios sutiles en el posicionamiento, la mentalidad y los comportamientos útiles para activar importantes oportunidades de crecimiento que están sin explotar. Este libro es oportuno, ya que todos los líderes en ventas buscan rediseñar y adaptar sus estrategias de gestión de ventas en los mercados cambiantes. Nunca ha sido tan mejor momento como ahora para centrarnos en la 'práctica de las habilidades' para incrementar y perfeccionar nuestras capacidades".

—**Mark Knurek,** líder en ventas y marketing de Lubrizol Advanced Materials

"*¡Vende diferente!* aborda el 'qué hacer' y el 'por qué', cuando se trata de ventas. Cada capítulo presenta puntos clave que podrás agregar a la agenda de tu equipo, con el fin de ponerlos en practicar en busca de mejorar y optimizar su nivel de ventas. Me hubiera encantado leer este libro hace 25 años, ya que brinda un proceso paso a paso sobre cómo manejar muchos desafíos con soluciones propias del proceso de la venta".

—**Robert Fontaine,** fundador y presidente de Upstate Door, Inc.

"En el béisbol de ligas menores, nos enfocamos en la experiencia de los aficionados para generar fanáticos leales. En *¡Vende diferente!* Lee nos brinda la receta ideal para que la experiencia de compra sea tan diferenciadora que podamos convertir a nuestros fanáticos en compradores satisfechos que regresan con una gran sonrisa, temporada tras temporada".

—**Susan Savage**, propietaria mayorista de Sacramento River Cats

"*¡Vende diferente!* es el libro esencial para los vendedores que quieren tomar el control de su capacidad de poder adquisitivo. No importa cuán competitiva sea tu industria, al final, el éxito o el fracaso dependen de cómo vendas, no de lo que vendas. En esta lectura, Lee expone las estrategias que funcionan en cada venta. Se trata de vender de manera diferente a la que utiliza el vendedor promedio. Sin embargo, no te preocupes, este proceso no significa que tendrás que hacer más trabajo para ganar una venta. Por el contrario, te ayudará a reducir el tiempo de duración que sueles usar para hacer tus ventas, así como los niveles de rechazo y estrés que manejas".

—**Kevin Hill**, anfitrión del podcast *Put That Coffee Down* y editor ejecutivo de *FreightWaves*

"Nuestra industria ha caído en la trampa de la disminución de los ingresos por venta, ya que la 'venta de precios' se ha ido convirtiendo en un tema cada vez más y más importante. A medida que nos adentramos en nuevos panoramas y buscamos nuevas relaciones con posibles clientes, cada una de ellas requiere de varias de las estrategias probadas que Lee nos presenta en *¡Vende diferente!*".

—**Trent Anderson**, vicepresidente de ventas de LS Networks

"A partir de los conocimientos clave que Lee les proporciona a los profesionales en ventas en *Sales Differenciation*, también triunfó con *¡Vende diferente!* En esta lectura, Lee brinda estrategias de ventas claras y concisas y luego las relaciona con conceptos clave en los que todos los equipos de ventas deben ser excelentes para ganar constantemente. Si deseas hacer cada vez más buenos negocios, y en los términos correctos, este libro te mostrará cómo avanzar hasta llegar al nivel de éxito que añoras".

—**Shannon Bibbee**, vicepresidente sénior en ventas de Majestic Steel EE. UU.

"Con *¡Vende diferente!* Lee le aporta valor procesable al mundo de las ventas. Las personas compran lo que consideran valioso, en lugar de aprender a refutar y a saber cómo manejar las objeciones que se les presenten, los vendedores deben concentrarse en perfeccionar su labor, impactando y mostrando el valor que les ofrecen a sus posibles compradores. Aquí, Lee brinda consejos, trucos e información que los vendedores pueden comenzar a usar de inmediato y con éxito".

—**Will Frattini,** director de ventas de ZoomInfo

¡VENDE DIFE- RENTE!

MÁS DEL 99,99% DE LOS VENDEDORES NO HACE ESTO, PERO DEBERÍA

LEE B. SALZ

TALLER DEL ÉXITO

¡Vende diferente!

Publicado por:
Taller del Éxito, Inc.
1669 N.W. 144 Terrace, Suite 210
Sunrise, Florida 33323
Estados Unidos
www.tallerdelexito.com

Editorial dedicada a la difusión de libros y audiolibros de desarrollo y crecimiento personal, liderazgo y motivación.

Traducción y corrección de estilo: Nancy Camargo Cáceres
Diseño de cubierta y diagramación: María Karla Castellanos
Dirección de arte: Diego Cruz

ISBN: 9781607388180

25   26   27   28   29   R|GIN   08   07   06   05   04

CONTENIDO

A MIS HIJOS, JAMIE, STEVEN Y DAVID
Si hay algo que espero que ustedes hayan aprendido de mí es la importancia de la familia. Sus familias les brindan amor incondicional, apoyan sus emprendimientos y les ayudan a crecer como personas. Son su fundamento. Allí están las personas con las que ustedes pueden contar y las que estarán ahí para apoyarlos, pase lo que pase. Me encanta la forma en que ustedes se apoyan unos a otros. ¡Nunca dejen de hacerlo!

A MI ESPOSA, SHARON
No hubiera logrado lo que tengo sin ti. Gracias por desafiarme a ser la mejor persona que puedo ser.

A MIS PADRES, JOSEPH Y MYRA SALZ
¡Gracias por su apoyo en todo lo que he intentado lograr!

A MI HERMANA MARLO SALZ
Todos deberían ser tan bendecidos como yo, por tener una hermana como tú. ¡Qué maravillosa eres!

A MIS SUEGROS, PAUL Y GAIL PERSHES
Gracias por apoyarme en mis emprendimientos.

RECONOCIMIENTOS

Mucha gente contribuyó a la realización de *¡Vende diferente!* y estaré eternamente agradecido con todos por su participación en esta aventura literaria:

- Dawn Deeter-Schmelz, J.J. Vanier, distinguido profesor y director de National Strategic Selling Institute, en Kansas State University.

- Todd Williams, director ejecutivo de Center for Sales Leadership and Education, University of Minnesota.

- Mike Moroz, director ejecutivo de Walters Recycling and Refuse, Inc.

- Sharon Salz, mi esposa y editora estrella.

- Myra Salz, mi mamá y editora extraordinaria.

- Louis Greenstein, superestrella del desarrollo y editor de textos.

Mi más sincero agradecimiento a todos mis clientes y a sus vendedores que han adoptado mi filosofía de diferenciación en ventas para hacer más negocios y a los precios que ellos quieran.

Gracias a Jack Daly, por contribuir con un excelente prólogo para *¡Vende diferente!*

PRÓLOGO POR JACK DALY

Conozco a Lee Salz desde hace más de 15 años. Mis opiniones sobre cómo los mejores profesionales en ventas logran resultados consistentes en cualquier mercado están más alineadas con las suyas que con cualquier otro capacitador en el área de las ventas que yo conozca. Dicho esto, no fue sino hasta que leí el borrador de *¡Vende diferente!* que descubrí que crecimos a unas pocas millas el uno del otro en Nueva Jersey, así que tal vez hubo algo en el agua que hizo que coincidiéramos en tantos puntos de vista. Uno de mis antecedentes te ayudará a comprender a qué me refiero. Entre los 26 y los 46 años de edad, trabajando como emprendedor, fundé seis empresas a nivel nacional y todas crecieron rápidamente. Mi equipo de ventas más grande contaba con 2.600 miembros. Desde entonces, he viajado por todo el mundo, ayudando a empresas y vendedores a superar a sus competidores, siguiendo sistemas y procesos de venta probados en la calle. ¡Esa es la clave! Lo que el lector encontrará en *¡Vende diferente!* son las herramientas para que todo vendedor disfrute del éxito en el mercado actual. Me siento honrado de contribuir con este prólogo a un libro de ventas tan poderoso, que se basa en los cimientos establecidos por Lee en su trabajo anterior, *Sales Differenciation*.

¡Vende diferente! está repleto de elementos de acción del mundo real, muchos de los cuales se pueden implementar inmediatamente, durante y después de esta lectura. Puedo decirte con autoridad que la mayoría de los vendedores no los están empleando. Dicho esto, si realizas las acciones detalladas por Lee a lo largo de esta lectura,

no podrás evitar aumentar los resultados en tus ventas y en tus ingresos personales. Superarás a tu competencia en estrategias, en inteligencia y en ventas. Este libro muestra claramente el compromiso de Lee con la profesión de las ventas, pues él se basa en sistemas y procesos ya probados. Con frecuencia, afirmo que "los equipos deportivos funcionan mejor que la mayoría de las empresas", ya que todos operan con un manual de procedimientos y jugadas específicas, similares a estos, muy bien expuestos en *¡Vende diferente!*, donde Lee comparte con sus lectores gran parte de su talento y de sus estrategias, a partir de las cuales tú también podrás construir tu propio libro de jugadas exitosas cuando de ventas se trate.

Algunas de mis estrategias favoritas (de las cuales hay muchas), incluyen:

- Procesos proactivos de prospección.

- Cómo aprovechar el poder de las referencias.

- Cómo venderles efectivamente a los comités.

- Mejor implementación de un programa piloto.

- Estrategias de correo electrónico infalibles.

- Hacer que el tema del "precio" sea irrelevante.

Mientras se imprime este importante libro, el mundo enfrenta el desafío de una pandemia. Así que muchos de nuestros negocios necesitan hacer la transición a la venta virtual. A lo largo de estas páginas, Lee nos suministra el mapa que necesitamos para obtener el éxito que tanto buscamos. Además, toma lo que muchos ven como un trabajo pesado y lo convierte magistralmente en una ventaja competitiva.

Los mejores vendedores reconocen: el éxito tiene que ver más con el hecho de hacer buenas preguntas que con elaborar el mejor "discurso de ventas". Lee no solo nos brinda un menú de preguntas efectivas a tener en cuenta, sino que, mejor aún, nos brinda ejercicios reales que podemos realizar para mejorar en este componente esencial del campo de las ventas.

Muchos de nosotros nos enfrentamos al gran desafío de lograr que el prospecto que nos interesa haga el cambio y pase de su proveedor actual a iniciar una relación comercial con nosotros. Para muchos, quedarse con lo "conocido" les resulta más seguro y nos les genera preocupaciones. Lee también tiene cubierto este aspecto y su proceso aquí explicado debería estar en el libro de jugadas de ventas de toda organización.

A medida que leía *¡Vende diferente!* descubrí otra cosa que Lee y yo tenemos en común: ambos somos fanáticos rabiosos de la serie de televisión *Law & Order*. Cualquiera de ustedes que también sea fanático de ella sabrá que la base de este programa está en el proceso de descubrimiento. Tanto Lee como yo somos espectadores devotos de *Law & Order*, porque los dos disfrutamos al recorrer el proceso de descubrimiento para ver si nosotros mismos logramos resolver el misterio. En muchos sentidos, esto es paralelo a lo que debemos hacer cuando vendemos: se trata del proceso de descubrir cuáles son los problemas y las ventajas con los que viven los prospectos y ayudarles en consecuencia. En *¡Vende diferente!* Lee Salz nos muestra cuál es el proceso a seguir. Así que toma cartas en el asunto y "*¡Vende diferente!*".

—**Jack Daly**
Entrenador en ventas, CEO, entrenador
y autor *bestseller* de Amazon

INTRODUCCIÓN

Mi inspiración con respecto a
la estrategia de diferenciación en las ventas

Existe un montón de libros cuyo propósito es ayudarte a avanzar en tu carrera como profesional en las ventas. A medida que evalúas la posibilidad de leer *¡Vende diferente!* puede que estés preguntándote: "¿Por qué leer este libro?". La única razón para decidirte a leer específicamente este libro es aprender a hacer más negocios a *los precios que desees*. La competencia nunca ha sido tan feroz como lo es hoy. En la actualidad, las diferencias en los productos y servicios de un competidor a otro son más pequeñas que nunca. Esto es cierto en todos los entornos comerciales: de empresa a empresa, de empresa a consumidor y de empresa a gobierno. Sin embargo, si bien es cierto que la competencia es dura, los dueños de negocios y los ejecutivos siguen a la espera de que sus equipos de ventas adquieran nuevas cuentas sin dejar de proteger los márgenes de ganancia. Pero, ¿cómo hacer más negocios a los precios que deseas cuando las diferencias entre los productos son tan mínimas?

La solución es tomar por sorpresa a la competencia, maniobrar y vender más que ella. Cada capítulo de este libro revela estrategias, técnicas y tácticas para hacer precisamente eso. *¡Vende diferente!* no tiene nada que ver con el producto, el servicio o la tecnología que estás vendiendo, pero sí todo que ver con la forma en que vendes.

Mi compromiso contigo es que terminarás de leer *¡Vende diferente!* provisto de nuevas formas de cerrar magníficos tratos a los precios que desees. Si lees este libro y no te cumplo esa promesa, envíame tu recibo de compra por correo electrónico a selldifferent@salesarchitects.com y te haré el reembolso completo de tu dinero. ¿Cómo te parece esta promesa de mi marca?

Inspírate en la diferenciación

Con frecuencia, me preguntan cómo surgió esto de mi pasión por la diferenciación. En 1986, cuando era apenas un adolescente que crecía en Marlboro, Nueva Jersey, un amigo de la familia llamado Dave me ofreció un trabajo que me mantendría ocupado durante ese verano. Se le había ocurrido una idea de negocio bastante creativa, así que me pidió que trabajara con él.

Se trataba de un servicio de lavado en seco que incluía recoger y entregar la ropa que la gente necesitara lavar. Dave no era dueño de ninguna lavandería, pero vio la oportunidad de desarrollar un negocio en torno a la recogida y transporte de ropa sucia hasta ciertas lavanderías para luego hacer el domicilio de esta una vez estuviera limpia. De modo que contrató a algunas lavanderías locales para que realizaran la parte de la limpieza y a mí me contrató como el conductor encargado de recoger puerta a puerta la ropa que los clientes necesitaran mandar a lavar y de devolverla ya lista para usar.

En aquellos días, ninguna de las lavanderías de mi ciudad ofrecía servicios de recogida y entrega de ropa. De modo que, cada vez que Dave describía en qué consistían sus servicios, yo podía ver en su mirada el signo dólar. Su entusiasmo era casi palpable.

Así las cosas, además de mi deseo de recibir un cheque de pago, yo estaba muy intrigado con la idea de su negocio. Lo que él hizo fue que identificó un problema, que era solucionar el modo de uso del tiempo de los clientes, y lo convirtió en una oportunidad de negocio. En otras palabras, detectó que la gente de nuestra ciudad estaba demasiado ocupada como para molestarse en dejar la ropa en la lavandería para luego tener que regresar a recogerla. Eso era algo que, sin lugar a dudas, la gente necesitaba hacer, pero a lo cual no necesariamente quería dedicarle el tiempo para hacerlo.

Dave imaginó un servicio premium. Se esperaba que los clientes pagaran una tarifa por el servicio de transporte además de su factura por el servicio de limpieza. El hecho es que, a mis 17 años, yo tenía una curiosidad genuina con respecto al posible éxito de aquel negocio y me preguntaba: "¿La gente sí pagará más por este servicio?".

¡Por supuesto, yo esperaba que así fuera, ya que ese sería mi trabajo durante aquel verano!

La estrategia de venta de Dave fue clave. Él no trató de convencer a la gente de que su servicio de lavandería era mejor que otros. Lo que sí hizo fue posicionarse en la solución que él ofrecía con respecto al problema esencial de la falta de tiempo. Les habló a sus posibles clientes sobre la conveniencia de tener ropa limpia en sus armarios sin siquiera tener que ir a la lavandería. La mayoría de las personas conocía lo que es la necesidad de una camisa o un pantalón y no tener nada limpio que ponerse. Fue así como Dave supo vender la idea de lo conveniente que era para nuestros clientes dejarnos una bolsa de lavandería llena de ropa sucia en la puerta de sus viviendas, de tal modo que nosotros nos hiciéramos cargo de recogerla, transportarla y regresársela una vez estuviera limpia.

La pregunta de si la gente se suscribiría o no a este servicio fue respondida con bastante rapidez. Aquellos que trabajaban localmente o tenían a alguien en casa que tuvieran el tiempo de llevar la ropa a la lavandería para luego recogerla no le vieron ningún valor a esta oferta. Para ellos, aquello no era ningún problema, así que no valía la pena pagar por nuestros servicios.

Sin embargo, muchos empresarios que vivían en Marlboro viajaban diariamente a la Ciudad de Nueva York. En ese tiempo, se acostumbraba que el personal empresarial fuera a trabajar en trajes de dos y hasta tres piezas. Así que, teniendo que hacer un recorrido diario de más de dos horas hasta sus lugares de trabajo, y otras dos horas de regreso a casa, ellos sí les encontraron gran valor a nuestros servicios. Algunos hasta desearon haber tenido esa misma idea. Ciertamente, yo me sentí muy contento y agradecido por el éxito del negocio y ahorré buen dinero durante aquel verano.

Tres mensajes relacionados con las ventas

Para mí, aquello de recoger y entregar ropa resultó ser más que un simple trabajo de verano. Aprendí mucho sobre el comportamiento de las personas frente a las compras y extraje tres mensajes muy importantes en las ventas, los cuales aún hoy sigo compartiendo con mis clientes y se los ayudo a implementar en sus negocios.

1. **El precio no es el principal factor de decisión cuando las personas deciden hacer una compra.** El principal factor de decisión es el valor. Si la gente ve valor en lo que tú vendes, te comprará a los precios que tú quieras. Por lo tanto, la responsabilidad de demostrar ese valor recae sobre ti, el vendedor.

2. **Conoce a tu audiencia. Lo que vendes puede no ser del interés de todos.** En el caso del servicio de recogida y entrega de lavandería, claramente no lo fue. Por esto, es crucial que los vendedores tengan la mayor claridad posible con respecto a quiénes le verán valor a lo que ellos ofrecen. Esto les ayudará a evitar la pérdida de tiempo, persiguiendo prospectos y negocios que nunca lograrán o que quizás harán, pero solo a precios que a ellos *no* les sirven.

3. **Identifica cuáles son los diferenciadores significativos de tu negocio.** Sin ellos, nadie le verá valor a lo que tengas para la venta. Existen muchas maneras de diferenciarte.

Los empresarios exitosos son insaciables en su búsqueda de esas oportunidades. Si bien poseer elementos diferenciadores es importante, lo realmente esencial es poder ayudarles a otros a volverse tan apasionados como tú en lo que se refiere a esos elementos diferenciadores de tus productos o servicios. Sin esa transferencia de pasión, las decisiones de los compradores se reducen a un solo factor: *el precio*.

El diferenciador de la venta

Ese trabajo de verano inspiró mi pasión por la diferenciación en las ventas, pero el desarrollo de esta estrategia a nivel general tardó algunas décadas en refinarse. Lo introduje en mi libro anterior, *Sales Differentiation*. Ese libro está dividido en dos partes. La primera mitad presenta estrategias para diferenciar *lo que vendes*. Cada capítulo les ayuda a los vendedores a identificar los diferenciadores y a desarrollar estrategias de comunicación que contribuyan a posicionarlos de manera significativa frente a sus posibles compradores.

La segunda mitad del libro trata sobre *cómo vender* estrategias de diferenciación en las ventas. Esta profundiza en varias fases del proceso de adquisición de nuevos clientes para descubrir formas de proporcionar un valor significativo que la competencia no ofrece. El objetivo principal de las estrategias de diferenciación en las ventas, tanto de *lo que vendes* como de *la forma en que lo vendes*, es ayudarte a hacer más negocios a los precios que deseas.

En *¡Vende diferente!* explico la parte de la ecuación planteada en la diferenciación en las ventas relacionada de manera específica con cómo vendes. Sin embargo, no es necesario haber leído *Sales Differentiation* para entender *¡Vende diferente!*

Si tienes una copia autografiada de *Sales Differentiation*, es posible que hayas notado que además de mi firma escribí "*¡Vende* *diferente!*", sabiendo que habría un segundo libro sobre el tema. Esa también es la razón por la que todas mis publicaciones en las redes sociales de *Sales Differentiation* tienen el hashtag #selldifferent. Aunque podría parecer marketing, mi intención es desafiarte a pensar en cuál es la forma en que vendes e inspirarte a buscar formas de diferenciarte que vayan más allá de lo que tu producto tenga para ofrecer. Pero no busques más. Estoy a punto de enseñarte cómo hacer más negocios a los precios que deseas.

¡Empecemos!

CAPÍTULO 1

MARCA LA DIFERENCIA EN LA EXPERIENCIA DE COMPRA Y GENERA UN "¡GUAU!" EN TUS CLIENTES

Durante su escuela secundaria, mi hijo Steven jugaba en el equipo de béisbol. El caso es que, además de ser un magnífico jugador, también supo mantener un alto promedio de calificaciones. Sin embargo, por muy talentoso jugador que fuera, nadie hubiera predicho lo que sucedería entre su penúltimo y último año de secundaria.

Ese verano, Steven fue seleccionado para jugar en el American Legion Baseball Team de nuestra ciudad. El equipo jugó en un torneo que atrajo a entrenadores universitarios de béisbol de todo el Medio Oeste. Durante ese torneo de una semana, Steven marcó cuatro jonrones y tres dobles. Qué mejor momento para él para desplegar sus capacidades al máximo que cuando los entrenadores de béisbol de las universidades, quienes suelen buscar jugadores talentosos, estaban presentes.

Muy pronto, varias universidades comenzaron a llamarlo, invitándolo a visitar sus campus. Siete universidades le manifestaron su interés en que hiciera parte de sus equipos. Sabíamos que, al cabo de unos meses, nuestro hijo se enfrentaría a una decisión difícil de tomar. Todas y cada una de las universidades contaban con el programa de especialización que él quería y estaban muy bien ubicadas. Sus matrículas estaban todas en el mismo rango, así que la pregunta era: ¿Cómo decidiría Steven cuál escuela seleccionar?

Prestigio u oportunidad

Si alguna vez has pasado por el proceso de reclutamiento de deportistas universitarios, sabes que este se trata de puras ventas. Los entrenadores están tratando de reclutar a los mejores deportistas para que se unan a sus instituciones, pero tienen grandes limitaciones para intentar destacarse entre las demás universidades. No pueden marcar una gran diferencia en cuanto a lo que venden y tienen para ofrecerles a sus posibles estudiantes. Tampoco tienen forma de agregar una especialización, ni de construir otro dormitorio, ni de mover el campus a otra ubicación más conveniente para sus prospectos. Todos esos son activos fijos. Su única opción de venta creativa es aprovechar la estrategia relacionada con la experiencia de compra de *¡Vende diferente!*, la cual marca la diferencia no en el producto, sino en el proceso de compra. Cuando los vendedores adoptan ese enfoque, generan una enorme oportunidad para vender más que la competencia, porque el énfasis está en sus compradores, no en ellos mismos.

Pocos entrenadores de béisbol a nivel universitario se describirían a sí mismos como vendedores, pero eso es exactamente lo que son cuando reclutan a estudiantes con perfil de deportistas. Esta no es, de ninguna manera, una descripción negativa. Es un requisito que hace parte de su trabajo. Debido a que ellos son los responsables de construir un equipo compuesto por los mejores talentos, el reclutamiento es un factor clave de su éxito. Es por eso que necesitan venderles lo mejor de sus instituciones a sus jugadores en demanda para lograr que ellos asistan a ellas, a sabiendas de que enfrentan mucha competencia.

Quienes pertenecemos al mundo de las ventas estamos en la misma situación que estos entrenadores. Dado que lo que vendemos suele ser muy similar (o incluso idéntico) a lo que venden nuestros competidores, no tenemos mucha oportunidad de diferenciar nuestros productos. Sin embargo, somos responsables de nuestro éxito y se espera de nosotros que hagamos ventas a los mejores precios.

Los agentes inmobiliarios tampoco tienen cómo marcar una gran diferencia en lo que venden. En realidad, en el mercado hay un inventario fijo de casas que ellos tienen para ofrecerles a los compradores, al igual que sus competidores, y no hay forma de diferenciar las casas. Entonces, ¿cómo elige un cliente a un agente de bienes raíces entre otros cuando todos tienen los mismos productos?

Otro ejemplo de diferenciación son los vendedores en la industria de la contratación de personal. Ellos tampoco pueden diferenciar lo que venden. Están vendiendo "personas" que tienen las capacidades necesarias para trabajar en cualquier empresa. Es obvio que estos vendedores tratarán de argumentar que su personal está mejor capacitado que el que ofrece su competencia, pero ¿quién creería eso? ¿Cómo seleccionar entonces una empresa de dotación de personal cuando todas las empresas de esta industria venden el mismo producto?

La situación aquí es una cuestión de prestigio. De hecho, este es una oportunidad que muchos vendedores no aprovechan, al menos no a los niveles que deberían. ¡Están tan enfocados en tratar de diferenciar lo que venden que se olvidan de que también tienen la oportunidad de sobresalir de la competencia cuando *venden algo diferente!* Al igual que los vendedores, algunos entrenadores universitarios fueron fantásticos aprovechando la experiencia de compra propuesta en **¡Vende diferente!**, mientras que otros fracasaron miserablemente.

El único

¿Alguna vez has notado que, cuando visitas una universidad, tu presión arterial sube 30 puntos tan pronto como ingresas al campus? Encontrar un lugar de estacionamiento donde no te multarán, ni te remolcarán es como encontrar una aguja en un pajar. Es innegable que, al llegar a la universidad, el fiasco del estacionamiento genera una irritación inmediata en un momento en que tus emociones ya están a flor de piel.

Una universidad que visitamos convirtió el problema del estacionamiento en una estrategia de venta al estilo *¡Vende diferente!* Cuando entramos al área de parqueo de Hamline University, nos recibió un letrero en un puesto de estacionamiento con el nombre de Steven. Cuando vimos el letrero, nos miramos el uno al otro y ¡quedamos sin palabras! Sin duda alguna, este detalle llamó positivamente nuestra atención y puso una sonrisa en nuestro rostro. ¡Qué magnífica primera impresión!

Ingresamos y nos preparamos para hacer el recorrido universitario y nos recibió el entrenador principal de béisbol, Jim Weyandt. Acto seguido, Jim nos entregó un itinerario que describía al detalle lo que haríamos durante el día; este tenía el nombre de nuestro hijo impreso en la parte superior de la página. En pocas palabras, desde los primeros instantes en que comenzó nuestra visita, el entrenador marcó la diferencia en nuestra experiencia de compra, generando en nosotros un gran "¡Guau!".

¿Cuánto le costó a Hamline University hacer esas dos cosas? ¿Un centavo por el costo de la tinta y el papel? Debido a esas dos pequeñas y bien pensadas tácticas, esta universidad nos hizo sentir que Steven era el único deportista que ellos estaban interesados en seleccionar. Por supuesto, ese no era el caso, pero fue así como nos hicieron sentir.

El entrenador Weyandt describió su estrategia de esta manera:

Soy sensible a la ansiedad que sienten tanto los estudiantes como sus familias durante el proceso de ingreso a la universidad. Por esto, tomo medidas con el fin de causar una gran primera y óptima impresión para reducir su ansiedad y hacerlos sentir especiales. La señal del estacionamiento y la agenda, marcadas ambas con el nombre de cada estudiante, son formas de lograr una primera impresión que impacte a nuestros invitados. Fuera de eso, hago hincapié en reunirme con cada prospecto y su familia al final de la visita para responderles sus posibles preguntas y abordar cualquier inquietud que ellos tengan. Mi estrategia de primera y última impresión tiene como objetivo hacer que cada estudiante que visita nuestra institución se sienta especial. Esa ha sido una razón clave, mediante la cual atraemos a nuestra universidad a los mejores talentos.

Los vendedores y nuestras empresas también tenemos la misma oportunidad que describió el entrenador Weyandt. Nos enredamos en nuestro trabajo diario y nos olvidamos de hacer que cada persona encargada de la toma de decisiones se sienta especial. Un influyente en las decisiones (ID) es alguien que hace parte esencial de la toma de decisiones con relación a lo que tú vendas. A este respecto, notarás que, a lo largo del libro, usaré indistintamente las expresiones "ID" y "comprador".

Para aprovechar la estrategia de mejorar la experiencia de compra propuesta en *¡Vende diferente!*, los vendedores necesitan hacer que cada ID se sienta especial. A nadie le gusta sentirse como un número. Los clientes quieren sentirse especiales y apreciados. Por eso, los vendedores profesionales deben estar en capacidad de lograr ese sentimiento a través de la magnífica experiencia de compra que ellos generen en todos y cada uno de sus prospectos.

¡No hay suficientes ejecutivos y vendedores que piensen en la experiencia de compra como una oportunidad para *¡Vender diferente!* Sin embargo, esa estrategia puede ser la clave para hacer más ventas y a los precios deseados. Esto es especialmente importante cuando no puedes diferenciar lo que vendes. En ausencia de esa diferenciación, el precio es el factor de decisión prevaleciente. Esas son buenas noticias solo si tú eres el proveedor que ofrece los más bajos precios en tu industria.

La mayoría de los procesos de adquisición de nuevos clientes están diseñados para lograr un resultado específico, consistente en hacer negocios a los precios que deseas. Por supuesto, ese es el resultado deseado y es correcto que así sea. La falla está en el diseño del proceso. En general, al crear el proceso de adquisición de nuevos clientes, ocurre con demasiada frecuencia que el punto de vista primordial sea el del vendedor. Pocos tienen en cuenta la perspectiva del comprador. Es por eso que, en aras de aprovechar la estrategia de brindarles a nuestros clientes una mejor experiencia de compra, como la que promueve *¡Vende diferente!*, el proceso de adquisición de nuevos clientes también debe tener en cuenta el punto de vista de quien toma la decisión de compra. Esa perspectiva surge al preguntarte:

En cada fase del proceso de compra, ¿qué puedo hacer diferente a lo que hacen mis competidores, de tal modo que mis clientes le encuentren un valor significativo a mi propuesta?

Cada interacción que tengas con un posible comprador te brinda la oportunidad de usar esta estrategia y lo mejor que te diré al respecto es que los más seguro es que tus competidores no están teniendo en cuenta esta perspectiva, así que aprovecha esa deficiencia a tu favor.

Hay muchas formas de generar experiencias de compra positivas, por ejemplo, como hizo el entrenador principal de béisbol de Concordia St. Paul University.

Tres claves para vender diferente

Concordia St. Paul University era otra de las escuelas que quería contar con Steven en su equipo de beisbol. ¡Ellos también fueron magistrales en su forma de *¡vender diferente!*, pero lo abordaron de manera diferente a la de Hamline University.

Como parte del proceso de convencimiento, Mark "Lunch" McKenzie, el exdirector deportivo y entrenador principal de béisbol de la universidad, invitó a Steven a una de sus prácticas, con el fin de darle a conocer el programa. Mientras mi hijo estuvo en la banca, los jugadores lo hicieron sentir como toda una celebridad. Uno por uno, se acercaron a él, se presentaron y le mostraron interés al conversar con él.

McKenzie describió el enfoque de reclutamiento de la escuela de esta manera:

Como División II de la universidad, estamos compitiendo por los mejores talentos, no solo con otras universidades del mismo nivel, sino también con instituciones de la División I. Quizás, otras universidades cuentan con más recursos a su disposición que nosotros, pero ninguna de ellas demostrará ser tan genuina, ni a un nivel tan bueno como el de nuestro cuerpo técnico.

La base de nuestro enfoque de selección de nuestros estudiantes consiste en el reconocimiento de que no estamos simplemente seleccionando a un buen deportista; también se trata del hijo de alguien. Esa mentalidad le ayuda a nuestro cuerpo técnico a generar esa misma experiencia de selección que nosotros también desearíamos para nuestros propios hijos.

De manera que el fundamento que conduce a la filosofía central de nuestro proceso de selección de nuestros deportistas es hacer que cada jugador se sienta especial y sea genuino y receptivo. Todo esto es lo que nos diferencia y hace parte de nuestra ventaja competitiva en el momento de seleccionar a los mejores talentos para que hagan parte de nuestra institución.

Lo que comentó el entrenador McKenzie no es solo una buena historia sobre reclutamiento y selección de deportistas universitarios. También hay allí un mensaje importante que todo vendedor debe identificar y poner en práctica.

A lo largo de los años, he tenido la oportunidad de entrevistar a muchos compradores y siempre me aseguro de preguntarles sobre sus frustraciones con los vendedores. Sus tres mayores quejas son que los vendedores no los hacen sentir especiales, que no son genuinos y que no responden a sus inquietudes. Entonces, estos tres puntos que el entrenador McKenzie cita como sus tres claves para ganar más clientes también pueden ser tuyos.

> Haz que tus ID y tus clientes se sientan especiales.
> Sé genuino. Sé receptivo.

Ninguno de esos tres puntos requiere que tú diferencies lo que vendes, ni le cuestan un centavo ni a ti, ni a tu empresa. Tampoco necesitas que tu empresa o tu gerente de ventas hagan alguna cosa específica por ti para que puedas ponerlos en práctica hoy mismo. Tú, como profesional en el campo, sabes cómo hacer cambios en tus estrategias de ventas para implementar y mejorar la experiencia de *¡vender diferente!* Haz que tanto tus ID como tus posibles clientes se sientan especiales. Sé genuino. Sé receptivo. La implementación de nuevos enfoques te ayudará a cumplir con tu cuota de ventas más allá de lo presupuestado.

También se puede decir, según la declaración del entrenador McKenzie, que él mira el proceso desde la perspectiva del comprador y no solo desde la suya. Al invitar a los aspirantes a hacer parte del equipo a que vean una práctica, el entrenador los está sumergiendo en la cultura de la universidad, haciéndoles sentir que ya hacen parte del programa. Él sabe muy bien que ese tipo de experiencias les ayuda a los "compradores" a tomar decisiones informadas.

La industria automotriz es magistral, junto con otras, en cuanto a aprovechar la experiencia de compra propuesta por *¡Vende diferente!* Los vendedores de autos nuevos sobresalen en eso. Uno de los primeros pasos de su proceso es que sus posibles clientes realicen una prueba de manejo. Su propósito es que ellos se sientan como si ya fueran los dueños del auto. Por eso, cuando sus prospectos regresan a la sala de exposición después de su recorrido, los vendedores buscan esa sonrisa que les dice que les encantó la experiencia de conducir ese auto. Es indudable que, al ubicar a su prospecto en el asiento del conductor, en lugar de guiarlo a través de un proceso de ventas, el vendedor genera una mejor experiencia de compra.

La industria de muebles para el hogar es otro ejemplo de éxito en el uso de esta estrategia. Los vendedores de muebles más expertos del mercado aprovechan el momento para ofrecer una magnífica experiencia de compra *¡vendiendo diferente!* No solo le muestran un sofá a un posible comprador. También le proponen que se siente en él y lo animan a que los miembros de la familia conversen entre sí como si estuvieran en su propia sala. Piensa en los diseños que emplean la mayoría de las salas de exhibición de muebles. En lugar de filas y filas de sofás, estos están estratégicamente ubicados por toda la tienda en ambientes de salas de estar y no hay duda de que esta distribución crea una magnífica experiencia de compra para cada familia, permitiéndoles a sus miembros que sientan cómo sería tener en su hogar ese sofá que tanto les gusta. Quizás, hasta se ilusionen con el resto de los muebles que hacen parte de la sala.

La industria del software también hace esto. Los mejores vendedores de productos de software no solo les muestran sus opciones a sus ID, sino que, como parte de la experiencia de compra, procuran que ellos las utilicen a medida que les brindan orientación. Esto les permite experimentar el producto que desean adquirir y saber cómo sería tenerlo a su disposición.

Autenticidad

Augsburg University fue otra de las universidades que mostró interés en Steven. El día que visitamos el campus estaba lloviendo. Su entrenador principal de béisbol, Keith Bateman, le pidió a Steven que le enviara un mensaje de texto tan pronto llegáramos al parqueadero. Al instante, un grupo de entrenadores asistentes que portaban paraguas nos recibió allí, nos saludó y nos acompañó al interior de las instalaciones.

El entrenador Bateman no comenzó el día con un tour por la universidad, sino con una conversación en medio de un café, queriendo conocer cuáles eras las expectativas y los deseos de Steven tanto en lo académico como en el béisbol. En lugar de que un consejero de admisiones nos mostrara el campus, fue el entrenador Bateman quien nos llevó de gira. Pasó casi cuatro horas con nosotros ese día e hizo sentir a Steven como si ya fuera parte del programa.

Después de la visita, Steven y el entrenador intercambiaron mensajes de texto y llamadas telefónicas semanales. El entrenador Bateman invitó a Steven a visitar el campus una vez más, pero esta vez fue para cenar con varios jugadores y para asistir a un partido de voleibol femenino.

Luego, cuando mi hijo fue aceptado en Augsburg, no se enteró de la noticia por medio de una carta modelo en el correo, sino que fue el entrenador Bateman quien lo llamó y le dijo: "Bienvenido a Augsburg University". ¡Y Steven aceptó emocionado!

Tuve la oportunidad de conversar con el entrenador Bateman sobre su enfoque de ingreso a la universidad. Le conté acerca de nuestra "experiencia de compra" a medida que evaluábamos la posibilidad de elegir esta universidad entre otras varias. Mientras hablábamos, se hizo evidente que nada de lo que experimentamos durante el proceso fue accidental. Todo fue intencional. Dado el nivel de competencia que él enfrenta con respecto a seleccionar y obtener a los mejores jugadores en una universidad perteneciente a la División III, él es el primero en reconocer la necesidad de presentarles a los aspirantes y a sus familias un enfoque de ventas que se destaque de las demás universidades. Luego, nos describió su estrategia de esta manera:

Cuando pienso en nuestro enfoque de selección de jugadores en general, puedo resumirlo en una sola palabra: *auténtico*. Esta es una palabra fácil de decir, pero requiere que tu corazón la acepte realmente.

Yo no veo mi tiempo con un jugador como un compromiso de apenas cuatro años. Para mí, y también para mi cuerpo técnico, esta es una relación que permanece durante más de 40 años, tanto con el jugador como con su familia.

Auténtico significa que tengo que construir una relación y establecer confianza con cada jugador. Además, reconozco que la forma en que hago esas dos cosas debe ser diferente con cada jugador, así que no solo las hago durante el proceso de selección como para que un posible jugador acepte venir a Augsburgo, dado que ser auténtico no es una táctica, sino una manera de ser. Esa es mi forma de ser y así es como espero que sean también mis entrenadores.

Me enorgullece construir relaciones con cada jugador del equipo. Los llamo en sus cumpleaños y en días festivos. Ellos saben que, si están teniendo dificultades con una clase, un compañero de equipo o con cualquier cosa en su vida, estoy aquí para servirles. De modo que, sin que yo les pida que lo hagan, los jugadores comparten esas historias con los aspirantes a ser parte de nuestro equipo y eso es algo que los impacta en gran manera.

Cuando estamos seleccionando a nuestros nuevos integrantes, nuestra estrategia clave es la comunicación. Es por eso que nos comunicamos con ellos cada 7 a 10 días, durante el proceso, pero no lo hacemos con el propósito de forzarlos a que se decidan por nuestra aula mater, sino para conocerlos y que ellos también nos conozcan. Entre otras cosas, la experiencia me ha enseñado que la comunicación no termina cuando concluye el proceso de admisión, sino que esa es parte de nuestra autenticidad. Creo que la comunicación es la piedra angular del desarrollo de las relaciones humanas.

El año pasado, llevé a nuestro equipo de béisbol a Cuba para participar en un torneo de béisbol. Debido a las relaciones EE.UU./Cuba, no se les permitió a los padres ir al viaje con nosotros. Por supuesto, el nivel de confianza que un padre debe tener en mí para permitir que su hijo haga un viaje así no es algo como para tomar a la ligera. Así que, sin nuestra mentalidad de autenticidad, no hubiéramos podido llevar al equipo a Cuba.

Me enorgullece mucho el hecho de que mis entrenadores y yo hayamos desarrollado relaciones sólidas con nuestros jugadores por medio de la autenticidad que les brindamos. Es esta la que lleva a nuestros aspirantes a seleccionar nuestra institución como su mejor opción universitaria y deportiva.

Webster define "autenticidad" como *la cualidad de ser genuino.* La decisión del entrenador Bateman con respecto a implementar la estrategia de brindarles a sus prospectos la mejor experiencia de compra posible, como propone *¡Vende diferente!,* se fundamenta en el desarrollo de relaciones interpersonales basadas en la autenticidad. Él sabe que se enfrenta a una inmensa competencia por conseguir los mejores jugadores que cumplan con el nivel de la División III, por eso se esmera en atraerlos a su equipo.

Pocos procesos de adquisición de nuevos clientes enfatizan en el desarrollo de relaciones, pero esta es una parte esencial de la experiencia de compra. De hecho, este aspecto es el resultado de una experiencia de compra adecuadamente diseñada. La mayoría de los procesos de adquisición de nuevos clientes está compuesta de preguntas para los vendedores que les permitan recoger la información que ellos necesitan para saber cómo interactuar cada vez mejor con los compradores. Pocos vendedores se preguntan:

¿Qué puedo hacer durante el proceso de adquisición de nuevos clientes para construir una relación sólida con ellos?

Lo que el entrenador Bateman nos enseña con su enfoque de reclutamiento es la importancia de la autenticidad al vender. ¿Cómo pueden los vendedores ser auténticos con los compradores? Como dijo el entrenador, eso es algo que tiene que salir del corazón. Los vendedores que anteponen su billetera a las necesidades de sus clientes están destinados a fracasar en las ventas.

Los mejores vendedores reconocen que tomar como prioritarias las necesidades de sus posibles clientes aún por encima de las suyas es la clave de su éxito. Esto se hace evidente durante la experiencia de compra.

Los mejores vendedores reconocen que tomar como prioritarias las necesidades de sus posibles clientes aún por encima de las suyas es la clave de su éxito.

Estoy seguro de que has escuchado innumerables veces que las personas compran y hacen negocios con vendedores que les agradan, que les generan confianza y les parecen sinceros. Como dijo el entrenador Bateman: "Hay palabras que son fáciles de decir, pero se requiere que tu corazón y el de tu interlocutor las sientan realmente".

El entrenador Bateman también mencionó que la clave indispensable para su éxito es la comunicación. Él no espera a que sus prospectos lo llamen, sino que los contacta y les muestra verdadero interés en colaborarles y orientarlos. Los vendedores luchan con este concepto. Muchos tienen miedo de enviarles un correo electrónico o hacerles una llamada telefónica a sus prospectos, porque sienten que serán tomados como "vendedores" ansiosos por cerrar negocios. Sin embargo, si eres auténtico en tu enfoque, eso nunca te sucederá. No marcarás un número telefónico, ni pondrás las manos en un teclado a menos que estés seguro de tener para ofrecer algo que tú sabes que el posible comprador percibirá como significativo y útil para su experiencia de compra.

Solo un número

Curiosamente, ninguna de estas universidades estaba en el radar de Steven cuando él comenzó el proceso de selección de su universidad. Lo curioso fue que la universidad que estaba en la parte superior de su lista al comienzo del proceso quedó de última cuando este concluyó. Le encantó su campus, pero el entrenador de béisbol allí no hacía nada de lo que sí hacían los entrenadores Weyandt, McKenzie o Bateman. Steven observó que el entrenador se basaba en el buen prestigio de la escuela para atraer a sus posibles jugadores. Supuestamente, él estaba interesado en que Steven jugara en su equipo, pero sus acciones no transmitieron ese mensaje. Mientras los entrenadores de las otras escuelas hicieron que Steven se sintiera especial, este entrenador lo hizo sentir como un simple número.

Al igual que ese entrenador, hay veces en que los vendedores se vuelven perezosos en cuanto a la experiencia de compra que deberían brindarles a sus prospectos. Prefieren confiar en que la fama de su marca o un gran producto los llevará a la victoria. Ese enfoque funciona algunas veces, pero no gracias a los vendedores, sino a pesar de ellos.

El éxito "¡de un buen bistec!"

En nuestro vecindario de Minnesota existe un restaurante especializado en carnes, llamado Pittsburgh Blue. A Sharon y a mí nos encanta ir allí. Y, si bien la comida es muy buena, esa no es la única razón por la que continuamos yendo a cenar allí. En el cruce de caminos donde se encuentra Pittsburgh Blue, hay seis opciones más para ir a comernos un jugoso bistec. ¿Qué tal es eso para generar buena competencia?

En cada uno de esos restaurantes asan un bistec delicioso, pero nosotros seguimos prefiriendo Pittsburgh Blue una y otra vez. Si crees que es por el precio, estarías equivocado. De las seis opciones, esa es la más cara.

El hecho es que la razón por la que seguimos yendo allí es Sara, uno de sus meseras. Siempre que hacemos una reserva, pedimos que nuestra mesa sea en su sección. Ella recuerda tanto la bebida favorita de Sharon como la mía y las trae poco después de habernos ubicado en la mesa. También recuerda nuestros nombres e incluso lo que solemos pedir para la cena. Sara es cálida, amable y atenta.

Y lo más importante de todo es que ella entiende por qué estamos allí. Queremos una cena relajada y sin complicaciones y por eso se esmera en generar esa experiencia gastronómica tan especial para nosotros.

En algunas ocasiones, no nos sirvieron los bistecs como los habíamos pedido y, vez tras vez, ella remedió de inmediato la situación. Incluso nos sorprendió con postres de cortesía cuando eso ocurrió. Ningún negocio es perfecto. Los errores te dan la oportunidad de brillar, así que no entres en pánico, no es el fin del mundo. En la mayoría de los casos, no te costará un cliente, pero te dará la oportunidad de demostrarle tu interés y corregir la situación. Todo esto hace parte de la experiencia de compra al estilo *¡Vende diferente!* que tú quieres brindarle a tu clientela.

Mi desafío para ti es que aprendas a generar una experiencia de compra que lleve a tus posibles clientes a querer comprar y hacer negocios contigo a los precios que tú desees, en lugar de negociar con tu competencia. A continuación, te mostraré diez oportunidades para que marques la diferencia en la experiencia de compra de tus prospectos. Muchas de estas las exploraremos en los siguientes capítulos. Por ahora, aprovecha las diversas formas en que:

1. Manejas el alcance de la prospección.

2. Usas la información que envías antes de las reuniones de descubrimiento, de tal modo que esta les aporte valor a quienes estés interesado en contactar.

3. Empleas tu enfoque para facilitar las reuniones iniciales, haciendo las preguntas y el intercambio de información adecuados.

4. Analizas los materiales que proporcionas después de las reuniones de inicio con el fin de ayudarles a tus prospectos a tomar decisiones de compra informadas.

5. Te esmeras en darles el mejor nivel de manejo a las presentaciones y demostraciones grupales, de tal modo que estas sean informativas, atractivas e interactivas.

6. Compartes diversas soluciones al hablar con tus posibles clientes.

7. Diseñas tus propuestas con el fin de comunicar soluciones.

8. Presentas tus métodos de manejo de los programas piloto/de prueba.

9. Estructuras los contratos.

10. Introduces tu programa de incorporación de clientes, durante el cual ellos hacen la transición a tu organización.

A continuación, cierra este libro por un momento y saca una hoja y un bolígrafo. Ahora, escribe allí tres ítems de esta lista de oportunidades que tú creas que tienen la mayor capacidad de marcar una diferencia significativa en la experiencia de compra de tus ID. Selecciona métodos que tu veas que tus competidores no están usando y sé tú más efectivo que ellos. En otras palabras, haz lo mejor posible por maniobrar y vender más que ellos.

Concepto de experiencia de compra de ¡*Vende diferente!*

Sé genuino y haz que cada uno de los encargados de la toma de decisión de compra se sienta especial durante toda la experiencia de compra, como si esa persona fuera tu único cliente en la vida.

CAPÍTULO 2

TU COMPETIDOR MÁS FUERTE NO ES
QUIEN TÚ CREES QUE ES

Una de mis preguntas favoritas para los vendedores es: *"¿Quién es tu competidor más fuerte?"*. Les he planteado esta pregunta a vendedores de todo el mundo. Sin embargo, nunca ha habido ningún vendedor que la responda correctamente.

En un solo instante, la mayoría de los vendedores enumera a tres colegas de su entorno que ellos ven como sus competidores más férreos. "Estoy seguro de que esos son competidores bastante buenos", les digo. "Pero aún hay uno que es todavía más difícil que ellos tres".

Algunos piensan que les estoy haciendo una pregunta capciosa. Recuerdan una lección que aprendieron de un capacitador de ventas hace años y se aventuran a conjeturar: "¿Te refieres al *status quo*, es decir, a la posibilidad de terminar no haciendo nada?". Sin lugar a duda, ese es un competidor duro, pero hay otro todavía más duro.

Algunos vendedores se consideran a sí mismos como su mayor competidor. "Si no tengo un estado mental fuerte, yo soy mi peor enemigo", dicen. ¡Eso es muy cierto! Si no tienes la mentalidad de ventas adecuada, tú mismo puedes llegar a ser tu mayor factor limitante en tu camino hacia el éxito. Sin embargo, tú no eres tu propio competidor más duro.

Hay uno aún más duro, más formidable que cualquier otro. Como dije, nadie ha descubierto nunca quién es ese competidor. La respuesta te dejará impresionado. No te hará sentir mejor acerca de tu situación en el campo de las ventas. De hecho, te hará sentir incómodo, lo cual, aunque no lo creas, es bueno. Si sabes quién es tu competidor más fuerte, podrás tomar las medidas necesarias para vencerlo.

Entonces, ¿quién es tu competidor más fuerte?

Es cada vendedor que está tratando de contactar al mismo prospecto que tú, quien tiene a su cargo tomar la decisión de compra.

Cuando pensamos en la competencia, tendemos a ser egocéntricos. Pensamos en ella solo desde nuestro propio punto de vista. Por esa razón, vamos a enfocarnos en pensar desde el punto de vista de cada prospecto que está encargado de tomar la decisión de comprar y a ver las cosas desde su perspectiva. La persona a la que estás tratando de contactar vive recibiendo llamadas de prospección y correos electrónicos de diversidad de vendedores, así que es ella quien está representando todas las responsabilidades propias del tomador de decisiones. Cada vendedor está vendiendo lo mismo: "la posibilidad de conseguir una reunión". Quiere hablar por teléfono o frente a frente con la misma persona con la cual tú buscas interactuar.

Ningún ejecutivo permanece sentado en su escritorio, mirando fijamente su teléfono y esperando que suene y sea un vendedor al otro lado de la línea, queriendo contactarlo.

Pues, bien. Te daré malas noticias. No estás compitiendo contra un puñado de colegas de tu industria, sino contra cientos de vendedores que están deseando contactar al mismo prospecto que tú.

Supongamos que llamas a un CIO para venderle tus servicios de desarrollo de aplicaciones. Deja a un lado por un momento el hecho de que hay un gran número de competidores en tu industria. Ahora, piensa en las responsabilidades generales de un CIO. Sin lugar a dudas, se trata de alguien que está inundado de llamadas y correos electrónicos de otras personas pertenecientes a su entorno, así como de la industria de las telecomunicaciones, proveedores de hardware, proveedores de software, etc. Entre los cientos de vendedores que se acercan a él, ¿cuántos conseguirán que él les conceda una reunión? Algunos, tal vez.

El siguiente es un hecho que quizá tú no sepas:

En la historia de los negocios, nunca ha habido un ejecutivo contratado con el único propósito de reunirse hora tras hora con vendedores.

¡Eso jamás ha pasado! Ningún ejecutivo permanece sentado en su escritorio, mirando fijamente su teléfono y esperando que suene y sea un vendedor al otro lado de la línea, queriendo contactarlo. Vamos, acéptalo: nosotros somos solo una interrupción en su día. Los tomadores de decisiones tienen muchas responsabilidades y se reunirán única y exclusivamente con unos pocos vendedores selectos.

Así las cosas, te daré una importante dinámica de ventas que debes tener en cuenta: si no logras una reunión, no harás ninguna propuesta de ventas. Si no hay propuesta, no hay venta. Si no hay venta, no hay cheque de comisión. Esta es una dinámica muy lógica, pero aterradora. Si vas a ser tú el encargado de asegurarte de conseguir una reunión, entonces, eso significa que necesitas aprovechar y poner en práctica la estrategia de prospectar que te presenta *¡Vende diferente!*

La prospección está muerta. ¿O no?

Algunos vendedores argumentan que la prospección está muerta, que es una pérdida de tiempo. Tal vez, tú también piensas lo mismo: "Los ID no van a comprarle a alguien que los contactó a través de la prospección". "Lo único que funciona es la creación de redes y las referencias". Si bien estoy de acuerdo en que la creación de redes y las referencias son componentes importantes de una estrategia de desarrollo empresarial eficaz, estos no son los únicos componentes que necesitas para tener éxito en las ventas. No es posible ignorar la práctica de la prospección. Por el contrario, es necesario implementarla religiosamente. De este aspecto trataremos más adelante, en el Capítulo 14.

RAIN Group, la muy prestigiosa empresa mundial de capacitación en ventas, realizó una encuesta muy interesante entre ejecutivos. Les preguntaron si alguna vez habían aceptado una reunión con un vendedor que se acercó a ellos a través de la prospección. Me encanta pedirle al público que adivine el porcentaje de encuestados que aceptó una reunión de esa manera. Unos gritan: "¡El 6%!". Otros: "¡El 15%!". Otros argumentan que esos porcentajes son demasiado bajos e insisten en que el 38%.

Según la encuesta, todas esas respuestas son incorrectas. ¡La respuesta correcta es el 82%! El 82% de los ejecutivos dice que aceptó una reunión con un vendedor que los contactó a través de la prospección. De manera que, según estos resultados, la prospección está viva y aun hoy en día funciona muy bien. Todos los vendedores deberían incluirla en su repertorio como un método vigente para incrementar su desarrollo y crecimiento comercial.

Controversia con respecto a la prospección

La prospección se realiza de varias maneras. Una de las más comunes es tomando el teléfono y llamando a quienes quieres contactar. Según mis propias experiencias, más del 90% de las veces, los vendedores no se comunicarán con sus contactos, sino por medio de su correo de voz.

El correo de voz es un tema controversial entre los vendedores. Casi la mitad de ellos argumenta fervientemente que nunca se debe dejar un mensaje de correo de voz cuando se está en busca de prospectos. La otra mitad cree con total firmeza que eso es lo que hay que hacer. Disfruto viendo cómo se desarrolla este debate durante las conferencias de ventas que hago. Supongo que te revelaré mi edad al comentar que este debate me recuerda los famosos comerciales de Miller Lite de la década de 1980, con dos lados fanáticos que exponían sus perspectivas. "¡Sabe genial!". "¡Contiene menos relleno!". ¿Quieres divertirte en tu próxima reunión de ventas? Pregúntale al equipo de ventas qué piensan ellos acerca de dejar mensajes de voz durante la etapa de prospección. Es bastante entretenido, ya que ambos lados son apasionados en cuanto a sus puntos de vista.

Con frecuencia, esos vendedores que creen en dejar mensajes de correo de voz cuando prospectan me hacen rascarme la cabeza y me confunden. Ellos dicen que creen firmemente en dejar mensajes de voz y, sin embargo, pocos tienen una estrategia documentada para hacerlo de tal modo que obtengan los resultados que esperan. Sin una estrategia planificada para dejar mensajes de correo de voz es muy usual que tus mensajes se pierdan o se confundan con otros, lo cual no te ayuda a hacer ventas.

Hay otro punto a tener en cuenta cuando se trata de prospectar a través del correo de voz. Digamos que estás tan absorto en la lectura de este libro que acabas de perder una llamada telefónica.

Entonces, revisas tus mensajes de correo y encuentras uno que dice: "Tengo $10 mil dólares para ti. ¡Llámame!". Si eres como la mayoría de mis audiencias, lo más probable es que no devolverás esa llamada.

Qué pasaría si el mensaje dijera: "Yo puedo ayudarte a reducir las facturas de tu teléfono celular a la mitad. ¡Llámame!". ¿Devolverías esa llamada? Supongo que no.

Qué tal si el mensaje dijera: "Reduciré tus tasas de interés al 5%. ¡Hablemos!". Lo más seguro es que tampoco le devuelvas la llamada a ese vendedor.

Según esto, la gran pregunta aquí es: ¿qué podría decirte un vendedor en un mensaje de correo de voz para llevarte a devolverle la llamada?

En el primer ejemplo, el vendedor te ofreció una cantidad significativa de dinero y tú no lo llamaste. En el segundo, te ofrecieron reducir tus gastos y tampoco les devolviste la llamada. Entonces, ¿qué propuesta necesitarías escuchar para devolverle la llamada a un vendedor?

Lo que diré a continuación es sin duda un hecho de ventas desafortunado: solo hay una instancia en la cual es muy probable recibir una llamada de regreso de un correo de voz durante una prospección y es cuando se produce la serendipia. Por casualidad, dejas un mensaje relacionado con un tema que en ese momento está en la mente del prospecto. Por ejemplo, si tú vendes techos y yo acabo de darme cuenta que tengo una gotera en mi techo, entonces, querré hablar contigo. Más allá de eso, la probabilidad de que te devuelva la llamada es bastante escasa.

A estas alturas, quizá pienses que estoy en contra de dejar mensajes de correo de voz en el momento de prospectar. Si eso crees, estás equivocado. Yo soy un gran defensor de dejar mensajes de correo de voz al prospectar, pero creo que tenemos que cambiar nuestra perspectiva sobre la forma de usarlo y utilizar la estrategia que te propongo en ¡*Vende diferente!*

¿Qué podría decirte un vendedor en un mensaje de correo
de voz para llevarte a devolverle la llamada?

Aceptemos el hecho de que no te van a devolver la llamada. No cuentes con eso. No va a suceder. Incluso tú mismo lo dices en tu mensaje: "No espero que me devuelvas la llamada". Sin embargo, ¿qué tan conveniente es que digas eso en tus mensajes de correo de voz? ¡Muy poco! Entonces, aunque no esperas una devolución a tu llamada, y muy bien haces en no tener expectativas al respecto, aun así, comparte tu información de contacto en el mensaje que dejes.

El hecho es que, al dejar un mensaje de correo de voz, debes lograr dos efectos clave:

1. Generar una expectativa.

2. Darle un contexto a tu mensaje.

Despierta interés en tus prospectos por medio de un mensaje interesante, de tal modo que él quiera responder tu llamada.

La encuesta de RAIN Group también reveló cuál es el ingrediente secreto para lograr una reunión con un posible cliente a través de la prospección: la personalización. Los encargados de las decisiones de compra saben cómo olfatear a una milla de distancia un intento de venta no auténtico. Esto es cierto en cualquier forma de prospección, no solo con los mensajes de correo de voz. En mi libro *Sales Differentiation* presenté el concepto de la teoría de cometer el crimen de la venta. Este te diferencia a la hora de prospectar y genera un enfoque cualitativo que te permite lograr hacer negocios. Antes de comunicarte con un prospecto, la teoría de cometer el crimen de la venta te desafía a hacerte esta pregunta: "¿Por qué este prospecto debería querer tener una conversación conmigo en este momento?". La respuesta a esa pregunta te ayudará a darle forma a una estrategia creativa que surta efecto en el momento de la prospección.

El ritmo de la prospección

La clave del éxito de la prospección es tanto cualitativa como cuantitativa. El lado cualitativo es la personalización a la que me referí antes. Lo que es igualmente importante es el lado cuantitativo. No te aburriré con estadísticas que sugieren que los vendedores no están haciendo suficientes intentos para llegar a los compradores. Las habrás visto cientos de veces y estoy seguro de que entiendes el punto. Además, esos estudios solo te dicen que necesitas hacer más y mejores intentos, pero no te dicen cómo hacerlos. Por eso, te daré una estrategia de prospección cuantitativa que responde a la pregunta de cómo llegarles a tus posibles clientes de la manera más fructífera posible.

El primer paso es cambiar tu forma de pensar con respecto a tu manera de ver la prospección. Prospectar no es un solo evento, sino una campaña de eventos. Una campaña exitosa que incluye una serie de técnicas creativas durante cierto tiempo y el propósito es llegarle al prospecto deseado.

La siguiente es una campaña de prospección de cuatro semanas y el propósito principal es interesar e involucrar a tu prospecto. Desde antes de iniciarla, se supone que la razón para contactarlo es hacer una venta (lo que se conoce como la teoría de cometer el crimen de hacer ventas). Sin embargo, si el único propósito de tu prospección es hacer una venta, no pierdas tu tiempo, ni el de tus contactos. No te funcionará. Los ahuyentarás al instante.

Si bien la campaña de prospección tiene una duración de cuatro semanas, solo consta de 16 pasos. Los estudios muestran que hacer prospección los lunes tiene una baja probabilidad de efectividad. Entonces, para empezar, omite los lunes para intentar conectarte.

La campaña utiliza múltiples técnicas, incluidas las llamadas telefónicas. ¿Quieres aumentar tu promedio de bateo llegando a tus prospectos en vivo y en directo y no a sus buzones de correo de voz? No los llames durante el horario comercial. Los ejecutivos encargados de la toma de decisión de compra saltan de una reunión a otra entre las 9:00 a.m. y las 5:00 p.m. Es muy poco probable que logres contactarlos durante ese horario. Lo más conveniente es llamarlos antes y después de la jornada laboral. Así, aumentarás tus posibilidades de comunicarte con ellos sin tener que dejarles un mensaje en sus correos de voz.

Además, antes de iniciar esta campaña, planea con claridad cuál es la esencia del mensaje de correo de voz que utilizarás. Algunas claves te ayudarán a tener éxito en el desarrollo de tu estrategia para enviar tus mensajes. Por ejemplo:

1. Deja espacio en el mensaje para personalizar tu mensaje.

2. El mensaje deberá durar un promedio de 30 segundos o menos. Eso significa que tendrás que evitar todas esas palabras de relleno que no aporten ningún valor. Por ejemplo, digamos que dejas un mensaje que diga: "Hola, Phil. Soy Lee Salz de Sales Architects. Espero que estes teniendo un gran día". Ahí, desperdiciaste tres segundos con la última frase. Decir eso es innecesario. Te aseguro que este extraño no te cree cuando le dices que te importa si él o ella está teniendo o no un gran día, así que no pierdas valiosos segundos diciéndoselo.

3. Antes de dejar el mensaje, practícalo. Luego, practícalo un poco más. El dominio de tu mensaje crea la imagen positiva y profesional que deseas proyectar.

4. Asegúrate de trasmitir energía en tu mensaje telefónico. Jamás lo hagas sin imprimirle dinamismo de tu parte. Lo que deseas es despertar el interés del prospecto de tal modo que quiera conversar contigo. Eso significa que no se trata solo de las palabras que dices, sino de cómo las dices. En el Capítulo 5, profundizo más en la importancia de reflejar una personalidad positiva a través del teléfono.

En esta estrategia de prospección también hay un componente en el cual hace parte el correo electrónico. Desarrolla una plantilla generalizada de correo electrónico que sea fácil de usar durante la campaña. Las siguientes son algunas claves útiles para tener éxito en el desarrollo de tu mensaje de correo electrónico:

1. Ten presente cuál es el propósito esencial del correo electrónico. Sin un propósito atractivo, tu contacto nunca abrirá, ni leerá tu mensaje.

2. Deja espacio en el mensaje para personalizarlo.

3. Tu mensaje no debe tener más de dos párrafos. Eso significa que es importante evitar palabras que no aporten ningún valor.

4. Haz que el mensaje esté siempre enfocado en tu prospecto, no en ti, ni en tu empresa, ni en tus productos. Si hablas de ti mismo, tu mensaje sonará como los cientos de otros mensajes que la gente recibe. ¡Centrarte en tu prospecto significa que vendes diferente y que te destacas entre la multitud!

Ahora que has preparado y pulido tu correo de voz, tu correo electrónico y tu mensaje de prospección de contacto en vivo, estás listo para conocer e implementar mi campaña de prospección de 16 días, que usarás para incentivar el lado cuantitativo de la etapa de prospección.

Campaña de prospección de 16 días

Día 1. Envía un correo electrónico personalizado que genere expectativa. El mensaje debe estar enmarcado en un contexto creíble y explicar la razón por la cual estás contactando a la persona. Asegúrate de enfocar el mensaje en ella, no en ti.

Día 2. Si no puedes comunicarte directamente con la persona, déjale un mensaje de correo de voz haciendo referencia al correo electrónico que le enviaste.

Día 3. Llama a una hora del día diferente a la del día anterior, pero no dejes mensaje.

Día 4. No contactes hoy a tu prospecto.

Día 5. Si de nuevo no logras comunicarte con tu contacto directamente, llámalo una vez más y déjale otro mensaje de correo de voz haciendo nuevamente referencia al correo electrónico que le enviaste.

Día 6. Reenvía tu mensaje de correo electrónico original y agrégale contenido para crear más interés. De nuevo, recuerda mantener el contenido del mensaje enfocado en la persona a la que quieres contactar, no en ti. También puedes enviarle un correo electrónico con video, si tienes acceso a esa tecnología.

Día 7. Si no logras comunicarte directamente con tu prospecto, llámalo a una hora diferente del día y déjale un mensaje de correo de voz. Esta vez, infórmale cuándo volverás a llamarlo.

¡Utiliza una herramienta de oro! Envíale la notificación a su calendario con la fecha y hora en que planeas llamarlo. En la mayoría de los sistemas de correo electrónico, cuando envías una notificación, esta aparece en el calendario del destinatario, de tal modo que él/ella tenga la opción de aceptarla o no.

A pesar de lo brillante que es la técnica de prospección de invitaciones por medio del calendario, no puedo atribuirme el mérito por esta herramienta. Lisa Chase, la mejor prospectora que he tenido el privilegio de conocer, ha estado usándola, ¡y le funciona de maravilla! A lo largo de los años, la he visto usarla en diferentes empresas e industrias. Esta es una de las estrategias de oro que le da tanto éxito a su proceso de prospección.

Día 8. Llama a la hora que programaste y deja un mensaje de correo de voz si no te comunicas directamente con tu prospecto.

Día 9. No lo contactes hoy.

Día 10. Envíale una invitación de LinkedIn e incluye el mismo contenido del correo electrónico que enviaste el día 6.

Día 11. Llama a una hora diferente del día y deja un mensaje de correo de voz que le diga a tu prospecto cuándo volverás a llamar. Envíale una invitación de calendario con la fecha y hora específicos.

Día 12. Llama a la hora que programaste y deja un mensaje de correo de voz en caso de que no te comuniques con tu prospecto.

Día 13. No lo contactes hoy.

Día 14. Llama a otra hora, pero no dejes mensaje.

Día 15. Llama a una hora diferente del día y deja un mensaje de correo de voz que le diga cuándo volverás a llamar. Envíale una invitación de calendario con fecha y hora específicos.

Día 16. Llama a la hora que programaste y deja un mensaje de correo de voz si no te comunicas directamente con la persona a la que quieres contactar.

Algunos de ustedes habrán leído esta campaña y piensan que es muy agresiva. Tal vez, demasiado agresiva. Pero piensen en la opción contraria. Algunos vendedores intentan llegar a sus prospectos solo unas pocas veces. Lo esencial en este caso es que tengas algo realmente importante que proponer si estás tratando de llegarles a tus contactos a través de tantos métodos creativos. Esta es la razón por la cual esta campaña de prospección es extremadamente efectiva para ayudarles a los vendedores a comunicarse con sus prospectos e iniciar conversaciones con ellos. ¡Pruébala!

Al finalizarla, si aún no te has conectado con tu prospecto, deja de llamarlo durante 90 días. Por ahora, pon su nombre en tu "archivo muerto". No lo localizaste, pero bien puedes sentirte cómodo sabiendo que hiciste un magnífico intento por lograrlo. Es posible que la estrategia no te no haya funcionado con esta persona, pero tu éxito general de prospección deberá estar por las nubes si implementas esta campaña con cada ID que desees contactar.

Todas estas técnicas creativas aumentarán tus posibilidades de llegar a la persona con la que deseas conectarte y te darán resultados. Si bien la competencia hizo algunos intentos fallidos, ¡tú aprovechaste al máximo esta estrategia de prospectar que te ofrece *¡Vende diferente!* ¡Y el ganador serás tú!

Concepto de prospectar de *¡Vende diferente!*

Una estrategia de prospección exitosa requiere de un enfoque reflexivo tanto de los componentes cualitativos como de los cuantitativos.

CAPÍTULO 3

ENCUENTRA MÁS DE TUS MEJORES CLIENTES

David tuvo un gran año en sus ventas. Superó las cifras que presupuestó cumplir. Como un "gracias" por su desempeño, su empresa le aumentó su cuota de nuevos negocios en un 30% a lo largo del año. Ahora, tendrá que hacer más ventas que nunca. ¿Dónde va a encontrar suficientes clientes nuevos para alcanzar su meta del año próximo?

En el campo de las ventas, todos estamos acostumbrados a este aumento de expectativas. "Lo que sea que hiciste el año pasado, este año, queremos más". Ese es el mantra que se escucha en la mayoría de las empresas. Por desafiante que sea para los vendedores aceptar ese aumento, esta es una necesidad comercial. Las empresas crecen o de lo contrario mueren. No existe la opción del *status quo*. Es por eso que este desafío genera una pregunta para ejecutivos, líderes de ventas y vendedores: ¿dónde vamos a encontrar este nuevo negocio que nos impulse a crecer al nivel deseado?

Teniendo claridad sobre los clientes que deseas conseguir

La vida de las ventas sería una total felicidad si los vendedores pudieran tomar a sus mejores clientes, colocarlos en una fotocopiadora y replicarlos. ¿No sería genial? Simplemente, presionas el botón de copiar y, mágicamente, se agregaría un nuevo mejor cliente a la cartera de la empresa. Por desgracia, la replicación de clientes no es una opción que exista en las ventas.

Encontrar más de sus mejores clientes es un tema prioritario para los líderes de ventas y los vendedores. Los líderes de ventas organizan reuniones de intercambio de ideas en las salas de juntas. Los vendedores buscan por un lado y otro. Van a ferias comerciales y a conferencias al azar en busca de más de sus mejores clientes. También los buscan en línea.

Sin embargo, el desarrollo empresarial no tiene por qué ser tan difícil como lo hacemos. En este capítulo, me enfocaré en explicar acerca de una estrategia de desarrollo empresarial al estilo de *¡Vende diferente!* de la que cual es probable que nunca hayas oído hablar. El único propósito de esta estrategia es ayudarte a encontrar más de tus mejores clientes.

Es posible que hayas notado que, en lo que va de este capítulo, he usado de forma repetida la expresión "más de tus mejores clientes". La razón por la cual lo hago es porque quiero hacer énfasis. En la mayoría de los casos, tus clientes más grandes no son tus mejores clientes. Los grandes clientes cumplen un propósito importante, tal vez, como base para tu negocio. Sin embargo, es posible que no quieras más de ellos. Algunos clientes grandes requieren de mucha personalización y tú no deseas brindarla en grandes cantidades. Otros quizá sean cuentas de bajo margen o a lo mejor tienen otras cualidades poco deseables.

Así las cosas, las nuevas cuentas que deseas buscar deberás alinearlas con el perfil del cliente objetivo de tu empresa. En el Capítulo 6 de *Sales Differenciation*, compartí los 9 componentes de este perfil. Ellos son:

1. **Tamaño.** Puede ser en cuestión de ingresos, empleados, unidades o tratarse de cualquier cuantificación que

brinde un enfoque claro en el alcance correcto de las oportunidades a seguir.

2. **Ubicación.** Este componente aborda la geografía en la cual centrar los esfuerzos de venta.

3. **Tipo de negocio.** Se refiere a las diversas industrias (códigos NAICS) y a estructuras comerciales (públicas o privadas) que corresponde al tipo de negocio que deseas.

4. **Incumbentes.** Esta es la lista de proveedores que tienen productos y servicios inferiores/incompletos en comparación con los que tú ofreces.

5. **Circunstancias/objetivos.** Este segmento del perfil se logra completando estas expresiones. Nuestro cliente objetivo tiene problemas con_____, un deseo de_____ y/u_____ objetivos.

6. **Factores de decisión.** Estos conducen a la exploración enfocada en cómo aportarle valor a la solución actual o a reemplazar al proveedor actual.

7. **Atributos corporativos.** Este aspecto aborda el ADN corporativo, incluida la salud financiera y la cultura corporativa.

8. **Proceso de compra.** Identifica la alineación entre cómo compran tus posibles clientes y tu oportunidad de demostrarles un valor significativo en tus productos y servicios.

9. **Motivos de ruptura.** Esto es lo contrario a lo que deseas en un cliente objetivo. Incluye aspectos como pago lento, problemas de relaciones públicas, no encaja en la geografía donde operas, quiere precios imposibles de aceptar y reúne otros indicadores de que ese no es el tipo de cliente que tú quieres tener.

Utiliza estos 9 criterios para obtener claridad sobre las oportunidades correctas que vale la pena perseguir durante tu jornada de búsqueda. Si aún no has desarrollado este perfil, ¡es crucial que lo hagas ahora mismo! Sin él no podrás incorporar la estrategia a tu repertorio de ventas. Además, podrías estar perdiendo tiempo, dinero y recursos buscando negocios que nunca se materializarán.

Me refiero al perfil de ese cliente específico como "cliente objetivo" y no como "cliente ideal", pero es por una razón muy importante: decir "cliente ideal" sugiere una oportunidad única en la vida. Es decir, si todas las estrellas se alinean, esta es la oportunidad perfecta para la empresa. En cambio, decir "cliente objetivo" es una expresión que les transmite un mensaje diferente a los vendedores. Significa que este es el tipo de cuenta que queremos que ellos busquen a lo largo de la jornada. En otras palabras, no esperamos este tipo de victoria en ocasiones, sino que esta es la cuenta principal en la que queremos que nuestros vendedores inviertan su tiempo. El perfil del cliente objetivo sirve como el enfoque central de ventas para el equipo de ventas.

La estrategia

El primer paso de esta estrategia de desarrollo de negocios propuesta por *¡Vende diferente!* es hacer una lista de 10 clientes. Estos son clientes que, si pudieras, los replicarías sin pensarlo dos veces en una fotocopiadora. Como ya mencioné, es posible que no sean los más grandes, pero son, según nuestra propia definición, tus mejores clientes.

El siguiente paso de la estrategia es identificar quién en tu organización tiene la relación más cercana con el influyente de las decisiones de compra de más alto nivel en cada una de las 10 cuentas que seleccionaste. En un entorno típico de ventas de empresa a empresa (B2B), lo más probable es que sea la persona que te otorgó el contrato. En las ventas de empresa a consumidor (B2C), la mayoría de las veces es la persona con la que más interactuaste durante el proceso de adquisición de nuevos clientes.

El tercer paso es que el vendedor de tu equipo que tenga la relación más cercana con el ID haga la labor de tener una conversación frente a frente con esa persona. Nota que dije, "conversación frente a frente". Los correos electrónicos y los mensajes de texto no son efectivos para implementar esta estrategia. Lo más conveniente es sostener una conversación directa con el ID, ya sea por teléfono o en persona.

La conversación debe fluir así:

Jamie, has sido cliente nuestro durante varios años, de modo que tú estás familiarizada con lo que ofrecemos, así como con la calidad de lo que ofrecemos. ¿Puedo hacerte una pregunta?

Si tú fueras yo…

¿en qué asociaciones estarías activa,

a qué conferencias asistirías,

a qué eventos irías,

que estarías leyendo,

para conocer a más personas como tú?

A esto de "Si tú fueras yo", yo lo llamo estrategia de desarrollo empresarial al estilo *¡Vende diferente!* El desarrollo empresarial es como un examen de libro abierto en la escuela. No necesitamos adivinar dónde encontrar más de nuestros mejores clientes. Lo que necesitamos hacer es aprovechar nuestro recurso más preciado, nuestros clientes, para adquirir las respuestas. ¡Pedid y se os dará!

Durante estas conversaciones, no estás solicitando referencias, ni pidiéndoles a los ID que te sirvan como referencias. Tampoco estás vendiendo tus productos y servicios de forma adicional o cruzada. El único propósito de esta conversación es pedirles a tus

ID de confianza que se pongan por un momento en tu lugar y te brinden información y recomendaciones.

Ten en cuenta que no les estás preguntando a qué conferencias asisten ellos o qué leen. Esa información es irrelevante. A lo mejor, ellos no tengan el presupuesto para asistir a conferencias destacadas o para inscribirse en asociaciones de renombre. También podría ocurrir que no disfruten de la lectura. Así que lo único que estás solicitándoles son sugerencias, nada más, ni nada menos.

> El único propósito de esta conversación es pedirles a tus ID de confianza que se pongan por un momento en tu lugar y te brinden información y recomendaciones.

La frase "conoce más gente como tú" se incluye dentro de la estrategia porque esta es agradable al ego del ID. Esa es una buena forma de demostrarle que es una persona importante. Además, le explica con quién estás buscando desarrollar relaciones. Esta es la razón por la que es tan importante contar con el perfil del cliente objetivo antes de implementar esta estrategia. Si no tienes claridad sobre "tu mejor cliente", es imposible encontrar más de ellos. Imagínate haciéndole la pregunta "Si tú fueras yo" a un CIO. Lo más probable es que esa persona sepa qué asociaciones, conferencias y eventos valen la pena y cuáles no. También podría orientarte en la dirección correcta de lo que deberías estar leyendo.

Si estás vendiendo sistemas de seguridad a propietarios de viviendas (una venta B2C), la estrategia "Si tú fueras yo" es una excelente manera de obtener información sobre tus posibles clientes. A lo mejor, haya reuniones vecinales o eventos comunitarios a los que ellos te recomendarían asistir. Quizás, haya boletines que tú deberías estar leyendo. Entonces, si no planteas esa pregunta, tendrás que adivinar dónde encontrar a estas personas. ¿Por qué adivinar cuando puedes preguntar para que te orienten en la dirección correcta?

Te sorprenderá el nivel de amabilidad que experimentarás de tus clientes. En esencia, a la gente le encanta ayudar. Brindar ayuda hace parte de nuestra naturaleza humana, pero no siempre nos ofrecemos a ayudar de manera voluntaria. A veces, es necesario que nos pidan ayuda.

También te sorprenderá la gran cantidad de información que recibes. Es mejor tener un bolígrafo y papel listos para tomar notas, porque tus clientes tienen una gran cantidad de información para compartir.

Una clave para que esta estrategia funcione correctamente es dar pistas dentro de la pregunta que hagas.

Una clave para que esta estrategia funcione correctamente es dar pistas dentro de la pregunta que hagas. Por eso, mencioné específicamente las asociaciones, las conferencias, los eventos y la lectura. Esta clase de sugerencias le dan contexto a la pregunta y le ayudan al ID a filtrar de manera rápida qué tipo de información es irrelevante para ti.

Esta estrategia te proporcionará nuevas ideas y técnicas para encontrar más de tus mejores clientes entre quienes quizá nunca habrías pensado contactar. Además, los ID pueden validar las ideas que estás explorando o que ya has implementado y ayudarte a evitar cometer errores costosos.

Resultados

Esta estrategia tiene un promedio de bateo de 1.000. No estoy exagerando. Nunca he tenido un cliente que incorpore esta estrategia en su enfoque de desarrollo empresarial y se haya ido con las manos vacías. Te contaré dos de mis historias favoritas.

Trabajando con uno de mis clientes de coaching, le pedí a su equipo que iniciara 10 conversaciones, incluyendo en ellas la frase "Si tú fueras yo". Tenían que practicar este tipo de conversación durante dos semanas seguidas. Justo antes de nuestra llamada de actualización, dos semanas después, el gerente de ventas me envió un correo electrónico disculpándose. "Debido a otras prioridades, solo pudimos completar cuatro de estas conversaciones". En el correo electrónico te adjunto las experiencias de algunos miembros de mi equipo, junto con todos los datos y la información que ellos recopilaron. El documento tenía cuatro páginas a espacio simple. ¡Todos esos datos que consiguieron fueron producto de solo cuatro conversaciones con cuatro de sus mejores clientes! Con ese éxito, no era necesaria ninguna disculpa.

Durante nuestra llamada de actualización, el gerente de ventas manifestó que, por el momento, no iba a realizar más de estas conversaciones. Recibieron tanta información valiosa de las primeras cuatro conversaciones que querían incorporarla a su estrategia de desarrollo comercial antes de solicitarles más información a otros clientes.

También le encargué esta misma tarea a otro de mis clientes. Durante dos semanas, él sostuvo siete conversaciones usando la premisa "Si tú fueras yo". Sobre la base de esas conversaciones, mi cliente había preparado un reporte de 45 minutos, con el fin de compartir conmigo todo lo que aprendió durante esas interacciones.

Se había enterado acerca de unas reuniones enfocadas en tecnología que se realizaban justo al otro lado de su patio trasero, la cuales él no tenía ni la menor idea que existían. Luego, su cliente le ofreció: "Si quieres, yo puedo llevarte a una de nuestras reuniones". ¡Por supuesto que sí! Mi cliente aprovechó esa oportunidad y terminó conociendo a una docena de CIO que él se moría por conocer. Hasta ese momento, no había logrado llegar a ellos a través de los medios tradicionales de prospección.

Después, tuvo la oportunidad de conducir una de esas siete conversaciones de "Si tú fueras yo" en persona, mientras su director ejecutivo estaba con él. El CEO no conocía esta estrategia. Hacia el final de la reunión, mi cliente le planteó la pregunta "Si tú fueras yo" al ID. ¡Su director general quedó anonadado! Esa noche, el CEO me envió este breve correo electrónico:

"Lee, pareciera como si esta fuera la pregunta que me he estado haciendo durante los últimos 15 años de mi vida. ¡GRACIAS! Hoy, vi su efecto en acción. Casi lloro. Espectacular".

¡Esta estrategia funciona! Y lo mejor de todo, ¿cuánto le cuesta a tu empresa ponerla en práctica? ¡CERO! No te estoy pidiendo que gastes un centavo. Invertirás algo de tiempo y recibirás una gran cantidad de información que hará que tu negocio se eleve a la estratosfera.

Procesamiento de las recomendaciones

Una vez que el equipo haya sido asignado para tener las conversaciones bajo la premisa de "Si tú fueras yo", dale dos semanas para completarlas. Luego, sigue los pasos siguientes para procesar las recomendaciones recibidas:

1. Organiza una reunión para que los miembros del equipo compartan sus hallazgos. Incluye también al equipo directivo en la reunión. El propósito aquí es escuchar las recomendaciones de desarrollo comercial que sus clientes les proporcionaron.

2. Durante la reunión, desarrolla una lista maestra de las recomendaciones y resalta aquellas que fueron compartidas por varios clientes, ya que la insistencia de algunos clientes en lo mismo debería llamar más la atención.

3. Desarrolla planes de acción con responsabilidades y plazos para implementarlas.

4. Reúnete con el equipo cada 30 días para revisar cómo va el nivel de progreso.

La estrategia "Si tú fueras yo" no tiene un solo uso. Incorpórala también a tus programas de administración de cuentas y en el proceso de revisión comercial. Una vez más, plantéales esta pregunta solamente a los clientes que deseas replicar. Además, con claridad en el perfil de tu cliente objetivo, puedes usar esta estrategia con socios de la industria, ya que ellos tienen una visión profunda de la información que buscas.

Ciertamente, tienes la opción de ignorar esta estrategia y continuar prospectando de la misma manera que los niños juegan "ponle la cola al burro": con los ojos vendados. Pero ¿por qué hacerlo así? No hay recompensa por trabajar duro en ventas, sino por ser efectivo.

Concepto de desarrollo empresarial de ¡*Vende diferente!*

La estrategia "Si tú fueras yo" te ayuda a encontrar más de tus mejores clientes aprovechando las relaciones que ya tienes con los encargados de tomar la decisión de compra.

CAPÍTULO 4

HACIENDO MÁS FÁCIL Y LUCRATIVA TU VIDA DE PROFESIONAL EN LAS VENTAS

Durante el auge de las empresas puntocom dirigí un equipo de ventas en la industria de capacitación tecnológica perteneciente a una empresa con sede en las afueras de Washington D.C. El equipo se dividió en tres grupos: corporativo, gobierno y cambiadores de carrera. Dado el rápido crecimiento de la tecnología, había una enorme brecha de habilidades en el mercado, hecho que creó oportunidades para que aquellos que no pertenecieran al campo de la tecnología se unieran a él. Ese grupo de posibles clientes fue al que llamamos "cambiadores de carrera".

Nuestros equipos de ventas corporativos y gubernamentales se enfocaron en prospectar cuentas y obtener nuevos clientes, pero ese no fue el caso de nuestro equipo de cambiadores de carrera. Para ese equipo, publicitamos en la sección de empleo de la edición dominical del *Washington Post* con el fin de generar clientes potenciales. El flujo de estos dependía por completo de la ubicación del anuncio en el periódico. Si aparecía en la mitad superior de la página, el anuncio funcionaba extremadamente bien y generaba toneladas de clientes potenciales para el equipo de ventas de cambiadores de carrera. A veces, el *Washington Post*

73

no tenía espacio publicitario disponible en la mitad superior de la página, ni tampoco en la primera. Cuando eso sucedía, nuestro volumen de clientes potenciales de esa semana disminuía.

Durante las semanas en que nuestro anuncio aparecía en otro lugar que no fuera la primera página, me preocupaba llegar a la oficina los lunes por la mañana. Ya sabía que habría una fila de vendedores en la puerta de mi oficina listos para quejarse de la mala ubicación del anuncio y del déficit esperado de clientes potenciales para la semana que acababa de comenzar. En otras palabras, los miembros del equipo de ventas estaban preparándose para una mala semana de ventas. Dirían: "¿Cómo se supone que debo alcanzar mis metas de ventas cuando el volumen de clientes potenciales es tan bajo?".

Si bien había un gran grupo de vendedores en mi puerta, no todos me estaban esperando para quejarse. María y Tony nunca estuvieron en "el grupo de quejas" y siempre fueron mis mejores vendedores. Piénsalo. Mis mejores vendedores nunca se quejaron del volumen de clientes potenciales y vez tras vez rebasaron sus cifras de ventas. Sin embargo, sus colegas me preparaban para su fracaso en la consecución de metas, el cual, por supuesto, era culpa de la empresa, nunca de ellos. Al menos, eso era lo que decían.

En contraste con los otros vendedores del equipo, María y Tony tenían una perspectiva *diferente* con respecto a los clientes potenciales que generábamos como empresa. Para ellos, los avisos del *Washington Post* eran algo así como el adobo sobre el cual hacer sus ventas, pero la carne, su fuente principal, eran sus referidos. Después de llevar seis meses vinculados a nuestro departamento de ventas, los dos ya eran 100% autosuficientes. Así que, mientras sus colegas se preocupaban por la ubicación del anuncio de esa semana, María y Tony construían sus negocios basándose en la estrategia recomendada en ¡*Vende diferente*! Como era de esperarse, ellos eran mis dos mejores estrellas del equipo de ventas.

Otra cosa interesante sobre María y Tony era su enfoque para trabajar con los prospectos interesados en hacer un cambio de carrera. Para los demás vendedores, aquella relación era de tipo transaccional. Ni siquiera debería describir su percepción como una relación, puesto que lo único que ellos buscaban era convertir un cliente potencial en una venta. Si lo lograban, pasaban al siguiente prospecto, generado por la empresa (no por ellos mismos).

Ese no era el enfoque que María y Tony tenían con su clientela. Los dos tenían claro que, para tener éxito en ventas entre el grupo de los cambiadores de carrera, necesitaban una estrategia de referidos como la de *¡Vende diferente!* Para ellos, el enfoque de las ventas requería más que de una simple transacción. Era evidente que alguien que está explorando y buscando hacer un cambio de carrera y preguntando sobre nuestros programas de capacitación experimenta una gran cantidad de preocupaciones. El costo de participar en estos programas oscilaba entre $7.000 y $10.000 dólares y no había préstamos, ni subvenciones disponibles. Además, los programas requerían de un compromiso de tiempo significativo y la mayoría de los que cambiaban de carrera ya tenían trabajos de tiempo completo y familias que sostener. Fuera de eso, los programas de entrenamiento eran duros. Una buena cantidad de cambiadores de carrera comenzaban a capacitarse, pero no terminaban la capacitación, debido a la falta de tiempo o al rigor del programa.

María y Tony entendían a la perfección las emociones que genera un cambio de carrera y adaptaban su enfoque de ventas en consecuencia. Se preocupaban genuinamente por el éxito de su clientela y no celebraban una venta hasta que su cliente no solo completara el programa de capacitación, sino también fuera contratado en la industria de la tecnología. No hay lugar a duda, era debido a la forma en que ellos trataban a su clientela que recibían tantos referidos. Si bien sus colegas de ventas le vendían un programa de capacitación a un individuo, María y Tony construyeron un negocio sólido al establecer relaciones valiosas con sus clientes.

El mantra del desarrollador de negocios

Si bien hay muchas conclusiones que sacar acerca de la historia de María y Tony, hay una enorme que me gustaría que aplicaras. Si ves un cliente potencial como una venta potencial, tendrás, como máximo, una venta. Esa es una de las muchas razones por las que, cuando se habla de hacer un negocio, odio usar el término "cerrar". El cierre implica que es el final del proceso, que no hay nada más que hacer. Es por eso que creo que, si ves un prospecto como el comienzo de una relación, lo más probable es que tengas (y seguirás teniendo) múltiples ventas. Los mejores vendedores adoptan lo que yo llamo "el mantra del desarrollador de negocios".

Cada negocio deberá producir dos más

Ese mantra es un cambio de juego filosófico para los vendedores. Crea un efecto combinado en sus ventas. En lugar de pensar en hacer un negocio, los mejores vendedores ven la adjudicación de un contrato como el comienzo de una relación potencialmente lucrativa. Una de las formas en que se reconoce el potencial es a través de referidos. La estrategia "Si tú fueras yo" que mencioné en el capítulo anterior es otra aplicación del mantra del desarrollador de negocios.

¿Y por qué son importantes los referidos? Porque ellos se convierten en clientes más rápido y a un ritmo más acelerado que cualquier otra fuente de posibles clientes. Ese es un hecho irrefutable que sé que tú conoces y la razón de que así sea es la confianza que ellos sienten al hacer negocios contigo. Durante el proceso de toma de decisiones, los encargados de la toma de la decisión de compra intentan validar las afirmaciones hechas por los vendedores y esa validación es mucho más simple cuando fuiste referido por una fuente confiable como un familiar, amigo o colega. IDC, una firma global de inteligencia de marketing, concluyó que el 73% de los ejecutivos prefiere hacer negocios con vendedores referidos por alguien de su plena confianza. A eso se debe que la generación de prospectos con base en referencias no solo sea una *buena fuente* de prospectos, sino una fuente ¡*imprescindible!*

¿Alguna vez has pensado por qué la gente da referencias? No se trata solo de lo que se les vendió, sino también de la experiencia que ellos tuvieron al comprarlo. Si el vendedor manipuló y forzó al ID para que comprara, no importa qué tan bueno sea el producto, no estará interesado en referirlo a nadie. No hay suficientes vendedores que piensen en cuál es el "por qué" detrás de las referencias. Lo cierto es que la experiencia que tiene un prospecto al hacer una compra ejerce un impacto directo en si recomendará o no con otras personas al vendedor que lo atendió.

El mantra del desarrollador de negocios también les ayuda a los vendedores a evitar emociones encontradas cuando hacen un negocio. Casi siempre, ellos se sienten emocionados de tener una nueva cuenta y a la vez temerosos al ver que su canal de referidos quedó vacío. Los mejores vendedores opinan que los negocios que logran hacer son la herramienta que ellos necesitan para generar más oportunidades de venta y no solo para hacer un solo negocio.

Una pregunta o una campaña

Hay dos tipos de clientes potenciales de referencia: pasivos y activos. *Los clientes potenciales pasivos* que consigues como referidos son aquellos generados sin ningún esfuerzo por parte de tu empresa o por ti. Un cliente satisfecho les pasa a sus contactos los datos de aquel vendedor que le haya generado una buena experiencia de compra. Esas personas contactan a ese vendedor para preguntarle acerca de los productos y servicios que ofrece.

Las referencias activas se generan a través de iniciativas tanto de la empresa como de los vendedores. Una campaña de referidos activa significa que los vendedores solicitan este tipo de cliente potencial. No hay suficientes vendedores que hagan esto. Cuando les pregunto a los vendedores sobre las referencias que reciben, la mayoría comparte historias de clientes pasivos. Es una rareza cuando escucho de campañas dedicadas a conseguir referencias activas. La vieja expresión "si no pides, no recibes" suena cierta.

Piensa en obtener referidos como si estuvieras haciendo una campaña y no como si simplemente estuvieras buscando una respuesta a una pregunta. Los mejores vendedores no ven esta actividad como una simple pregunta que deben hacer, ni como una tarea que deben realizar. ¡La ven como la estrategia para conseguir referidos de "*¡Vende diferente!*" Es decir, como una campaña de generación de prospectos. Digamos que hoy le pides referidos a un ID y que él te los da. Eso significa que, durante los próximos meses, conocerás a más personas. ¿Crees que él recordará tu solicitud de referidos? Te apuesto que la olvidó a los pocos minutos de haberle preguntado.

> Piensa en obtener referidos como si estuvieras haciendo una campaña y no como si simplemente estuvieras buscando una respuesta a una pregunta.

Una campaña de referidos incluye la solicitud periódica de ellos. Eso plantea la pregunta de ¿con qué frecuencia es conveniente pedirlos? La respuesta es que depende 100% de la relación y de la frecuencia de comunicación que tengas con tus clientes. Si hablas con un cliente todas las semanas y le pides una referencia cada vez que te comunicas con él, esa es una forma segura de empañar la relación. A lo sumo, esa es una solicitud que debería hacerse una vez por trimestre. ¿Cómo recuerdas cuándo fue la última vez que pediste referidos a cada uno de tus clientes y cuándo es apropiado volver a preguntarles? Tu CRM maneja mejor la gestión de las campañas de referidos, ya que está diseñado para programar tareas y para documentar actividades.

La única vez que puedes solicitar referidos

Una de mis preguntas favoritas para los vendedores es: ¿Cuándo es el único momento en que puedes pedir referencias?

Algunos vendedores dicen que es apropiado cuando se firma el contrato. Otros dicen que es cuando se entrega el pedido. Hay quienes piensan que después de la implementación. Todas son posibles conjeturas, pero todas son incorrectas. Hay una vez, y solo una vez, en todo el espectro de la relación comercial en que es apropiado pedir referencias.

La única vez que puedes solicitar una referencia es cuando te hayas ganado el derecho a hacerlo.

El momento de ese "derecho ganado" es diferente en cada situación. Hay casos en los que es posible que alguien no haya gastado nunca un centavo contigo, pero tú le brindaste un enorme servicio y, por lo tanto, te ganaste el derecho a pedirle referencias. También he visto relaciones de compra en la que, a pesar de varios años de relaciones comerciales, el vendedor todavía no se ha ganado el derecho a pedirles referidos a sus clientes.

Cuando se trata de pedir referidos, los vendedores tienen el control total del "cuándo". Si se comprometen a brindarles servicio y valor a sus ID, más allá de lo que les ofrecen sus productos, lograrán acortar rápidamente el plazo para ganarse ese derecho a referidos.

Solicitando referidos

Si bien es importante ganarse el derecho a solicitar referidos, también es necesario analizar con mucho cuidado cómo solicitarlos. Imagínate esta escena: resulta que en una escuela primaria hay dos salones de clase, uno al lado del otro, y en ellos hay dos maestras que les presentan la misma lección a sus respectivos grupos de estudiantes. Ambas enseñan la lección con la misma destreza y terminan al mismo tiempo.

Al final de la lección, una maestra mira por encima de sus anteojos y dice: "¿Alguna pregunta?". Ningún estudiante levanta la mano.

La otra maestra también termina la lección, mira a sus alumnos y les dice: "¿Alguien tiene alguna pregunta?". Pasa la siguiente media hora y ella todavía está respondiendo las preguntas de sus estudiantes.

¿Por qué les comparto esta anécdota? Esta historia es paralela al enfoque común de ciertos vendedores cuando piden referencias y expresan alguna variación de "¿Conoces a alguien que podría estar interesado en mis productos?". La respuesta más común a esa pregunta es: "No se me ocurre nadie, pero te llamaré si me acuerdo de alguien que podría estar interesado". Déjame asegurarte que esa llamada telefónica no ocurrirá. Aprovechando la estrategia de pedir referencias propuesta aquí, en *¡Vende diferente!*, haz un cambio sutil en la forma en que solicitas referencias. Este cambio aumentará significativamente el número de referencias activas que generas. Solicítalas de esta manera:

"Ahora que ya te decidiste por estos productos, ¿a quién conoces que también podría estar interesado en ellos?".

"A quién conoces" sugiere que tu cliente sí conoce a alguien e incluso pueden ser varias personas las que estarían interesadas en lo que vendes. Es ilógico responder a esa pregunta con un sí/no basado en cómo esta está formulada. Inténtalo. Te sorprenderás del impacto que un pequeño cambio en la forma en que solicitas referencias mejorará tu flujo activo de ellas.

Antes de pedir referencias, también debes decidir qué quieres específicamente del *referido*. Lo más probables es que estés pensando: "Quiero referencias". ¡Por supuesto que quieres referencias! Pero, ¿cómo defines qué es una referencia? ¿Estás buscando solo un nombre y una dirección de correo electrónico? O más bien, ¿te gustaría que alguien te facilitara la manera de que otros te conozcan? Los mejores vendedores desean esto último, ya que el simple hecho de recibir un nombre y una dirección de correo electrónico es escasamente mejor que tener que hacer una llamada en frío.

Para aprovechar verdaderamente el poder de tu estrategia para solicitar referencias según el método de *¡Vende diferente!* necesitas que tu referente te presente a sus referidos. Una vez te dé sus nombres, pídele que sea él mismo quien les envíe un correo electrónico conectándote con ellos. De ese modo, te allanará el camino para que inicies más fácilmente esa conexión. Si tu cliente no envía ese correo electrónico dentro de los dos primeros días de haber aceptado hacerlo, envíale un correo a manera de recordatorio y ofrécete a redactarlo tú mismo para que a él le sea más fácil y rápido enviárselo a los contactos que piensa darte.

Pon tu dinero dónde está tu ganancia

Si observas el estado de pérdidas y ganancias de una empresa, quizá verás un ítem correspondiente a los gastos de las partidas para la generación de clientes potenciales, mercadeo y desarrollo empresarial. Menciono esto porque, rara vez, encuentro empresas que inviertan en la generación activa de prospectos que sirvan de referencia. ¿Tiene sentido algo así? Como dije antes, las referencias se convierten en ventas más rápido y a un ritmo más acelerado que cualquier otra fuente de prospectos. Entonces, ¿por qué no destinar un presupuesto para implementar esa iniciativa empresarial? ¡Ese es un hecho sorprendente, motivo para rascarse la cabeza! DIRECTV diseñó una campaña publicitaria completa, única y exclusivamente para implementar su programa de referidos. Es obvio que ellos vieron el valor que hay en el hecho de impulsar el rendimiento de esta fuente principal de obtención de referencias.

Si tu empresa no ofrece un programa de incentivos generador de referencias, te aseguro que no estás maximizando todo lo que se podría lograr con esta fuente de prospectos. Para armar ese programa de incentivos, analiza cuál sería el monto de las ventas que necesitarías generar a partir de cada referencia para así justificar el tipo de compensación que estarías dispuesto a darle a quien te dé referencias. Por ejemplo, es una buena idea determinar que el referente necesita comprar un mínimo de $5.000 dólares de producto o servicio para justificar una recompensa financiera por parte de tu empresa. Recuerda, existen costos de generación de prospectos de tus otras ventas, así que debería ser fácil asignar cierta cantidad de presupuesto para impulsar el rendimiento de tus mejores fuentes de prospectos.

Hay muchas formas de estructurar la compensación para aquellos que te recomiendan cuando las referencias dan como resultado más clientes. Como mencioné anteriormente, la compensación solo debe ser para quienes te faciliten contactos que conduzcan a más ventas. En otras palabras, el simple hecho de que te proporcionen nombres y direcciones de correo electrónico no es suficiente para obtener recompensas financieras de tu parte. Para eso, te bastaría con indagar un poco y tú mismo también podrías obtener esa información por tu cuenta. Así que, si tus clientes van a recibir alguna compensación, tendrá que ser por darte referidos que valgan la pena y arrojen resultados. Existe un incentivo de compensación por referidos que es extremadamente efectivo. Yo lo llamo "programa del restaurante favorito". Supongamos que determinas que asignarás $100 dólares por referencias que conduzcan a determinado monto de venta en particular. En ese caso, les proporcionarías a quienes te las dieron un certificado de regalo de $100 dólares para que disfruten de una cena en su restaurante favorito en agradecimiento a su función facilitadora al conectarte con alguien que finalmente compró una cierta cantidad específica. La razón por la cual este programa ha tenido tanto éxito es que personaliza el premio y además lo hace más memorable. A continuación, te explico cómo presentar este programa, ya sea por teléfono o en persona.

Tú: Nicole, ¿cuál es tu restaurante favorito?

Nicole: Harmon's.

Tú: ¿Cuándo fue la última vez que fuiste allí?

Nicole: Hace unos seis meses.

Tú: Nos gustaría invitarte a Harmon's.

Nicole: ¿De verdad?

Tú: Sí, claro. Dado que trabajamos juntos en esta industria, sé que estás bastante familiarizada con lo que hacemos, así como con la calidad con la que lo que hacemos. Estoy seguro de que conoces a muchas personas en roles similares en otras empresas. Es por eso que te propongo que, por cada persona que nos recomiendes y que nos compre una cantidad específica de dinero o más, te daremos un certificado de regalo por valor de $100 dólares para que disfrutes de una cena en Harmon's.

Nicole: ¡Guau! ¡Eso es genial!

Tú: ¿A quién conoces que también estaría interesado en ganarse este certificado?

Nicole: Sé que John Jones, de la empresa XYX, está abriendo una nueva sucursal y creo que le interesaría tu oferta.

Tú: ¡Que bueno! ¿Cuándo podrías enviarle un correo electrónico a John para presentarme?

Más allá de un diálogo como ese, hay otro paso clave que deberás dar para que tu programa de referidos prospere. Después de compartir verbalmente el programa, envíales a tus referentes un correo electrónico, explicándolo. Este les sirve como un recordatorio para que te den los *referidos* de los cuales ellos mismos te hablaron. Por ejemplo:

Gracias por permitirme compartir contigo nuestro emocionante programa de referidos. Como te mencioné, nos encantaría que fueras nuestro invitado en Harmon's. Cada vez que nos refieras a alguien, y esa persona invierta un mínimo de $_____, recibirás una tarjeta de regalo de $100 dólares para que los disfrutes allí.

Algunas empresas tienen políticas que prohíben que sus empleados reciban este tipo de compensación. Si ese es el caso, puedes ofrecerle una donación a la organización benéfica que la empresa decida por la misma cantidad que la del "certificado de regalo en el restaurante favorito". Para hacer la donación benéfica, asegúrate de hablar con tu equipo financiero, ya que podría haber en ello un beneficio fiscal para tu empresa, lo que hace que esta sea una victoria aún mayor.

Referencias de socios de la industria

A menudo, los vendedores me preguntan cómo hacer para lograr que los colegas de su industria que cuentan con ofertas complementarias o parecidas a las suyas los recomienden a sus clientes. Lo que no funcionará es llamarlos solo para pedirles referencias. "¡Dame! ¡Dame!". Recuerda, si ayer tenían clientes potenciales, ya se los enviaron a otro vendedor. ¿Por qué enviarte ahora esos clientes potenciales? Cuando les hago esa pregunta a los vendedores, por lo general, escucho un silencio ensordecedor que indica que ellos no habían pensado en ese punto.

Los vendedores de la industria pueden ser una excelente fuente de referencias activas. También pueden ser una excelente oportunidad para poner en práctica la estrategia "Si tú fueras yo" de la cual ya hablamos. Los vendedores olvidan con demasiada frecuencia esta fuente principal de referidos y no ponen en práctica un aspecto que acabo de mencionar en este capítulo: debes ganarte el derecho a solicitarlos. Antes de pedir clientes potenciales, invierte en esos vendedores que piensas contactar. Entérate de lo que hacen y de los tipos de clientela que ellos buscan. Cuando vean que estás interesado en ayudarlos, notarás que ellos también estarán más dispuestos a ayudarte.

Como parte de tu campaña de referidos activos, planea un incentivo como el "programa del restaurante favorito". Invierte en esos vendedores y en cultivar relaciones estando genuinamente interesado en ellos y en lo que buscan lograr. Entonces, y solo entonces, te habrás ganado el derecho a pedir referidos.

Cuando comenzaste a leer este capítulo, lo más probable es que esperabas una descripción general y básica de una actividad de ventas de la cual habrás oído hablar innumerables veces. ¡Espero que ahora veas la oportunidad de implementar esta estrategia de *¡Vende diferente!* para conseguir referidos y que utilices las herramientas para aprovechar esta fuente principal para hacer negocios a los precios que desees.

Concepto de referidos de *¡Vende diferente!*

Los referidos *pasivos* surgen en función de la fama y/o del buen rendimiento del producto, pero, para generar referidos *activos*, necesitas implementar un programa muy bien estructurado y vendedores que sepan cómo solicitarlos de la manera correcta.

CAPÍTULO 5

APROVECHA EL PODER DE LA VENTA VIRTUAL

El 12 de marzo de 2020, abordé un avión a Las Vegas en compañía de mi esposa, Sharon. Decidimos convertir mi compromiso para dictar una conferencia en unas minivacaciones para ambos.

Por lo menos, ese era nuestro plan.

Esa noche, asistimos a un cóctel organizado por mi cliente. Fue durante ese evento que observé el comienzo del que sería el impacto que COVID-19 tendría en los negocios. Por ejemplo, algunos de los invitados evitaron saludarse de mano. También fue la primera vez que escuché la expresión "distanciamiento social", ya que los invitados mantuvieron sus conversaciones mucho más lejos de lo que, en ese momento, se consideraba normal.

A la mañana siguiente, hice una charla magistral y un taller entre los asistentes. Durante la noche, había circulado más información sobre el virus. Steven, mi hijo que juega béisbol en la Universidad de Augsburg, nos llamó y nos dijo que su viaje de primavera a Arizona para jugar béisbol había sido cancelado. Tanto mi hija como mi hijo menor nos llamaron para decir que sus clases habían sido canceladas por el resto del semestre. Así las cosas, en lugar de quedarnos a disfrutar de nuestras minivacaciones, Sharon y yo decidimos volar a casa justo después de que finalizó el evento. Podías sentir el cambio acercándose, pero nadie tenía idea de cuál sería su magnitud.

El virus ganó terreno y todo pareció indicar que había conseguido detener la marcha del mundo. La cantidad de personas que serían afligidas y morirían a causa de ello fue asombrosa. El mundo de los negocios se detuvo bruscamente e incluso el mercado de valores se cerró por un tiempo.

Las ventas cambiaron porque así tenía que ser

Uno de los principales cambios comerciales provocados por esta pandemia fue el cambio forzado que hubo que hacer hacia la venta virtual. Debido a que las personas no querían reunirse frente a frente, o porque no se les permitía, la única forma de vender durante ese tiempo era a través del teléfono y/o de una computadora.

La venta virtual, que la mayoría de la gente consideraba nueva, generó mucho pánico en la profesión de las ventas. Sin embargo, no era del todo nuevo vender de esa manera. Más bien, lo que venía ocurriendo era que este tipo de ventas se denominaban ventas internas y prácticamente se hacían como "con esteroides". El hecho es que, durante la pandemia, el respeto por las ventas, por la gerencia de ellas y por el trabajo de los vendedores bajo esta modalidad alcanzó nuevas alturas y esta modalidad dejó de considerarse como simplemente un rol de ventas a nivel junior. Los ejecutivos llegaron a reconocer que la venta virtual efectiva requería de un conjunto de habilidades y herramientas especializadas para lograr producir los resultados deseados. Yendo un paso más allá, una serie de evaluaciones sobre estas ventas y sus herramientas destacaron el hecho de que alguien que es eficaz en la venta en persona puede no ser tan efectivo vendiendo virtualmente. Lo contrario también es cierto. Los vendedores externos están acostumbrados a las libertades que los vendedores virtuales no tienen. Por ejemplo, los vendedores externos viajan a sus citas con sus clientes y prospectos en automóvil o avión y tienen una flexibilidad de horarios que los vendedores virtuales no tienen.

Las ventas virtuales eran solo ventas internas "con esteroides".

La prospección es un desafío tanto si eres un vendedor interno como externo. Sin embargo, la venta virtual pone en evidencia la importancia de la inflexión, la dicción y la tonalidad de la voz. Por consiguiente, para los vendedores virtuales, el óptimo manejo de la voz es un ingrediente clave en su receta de éxito. Además, su personalidad es tan importante que, cuando desarrollo procesos de contratación de vendedores virtuales, uno de los pasos de la entrevista se realiza de modo virtual. Durante esa entrevista, se analiza con cuidado tanto la personalidad requerida para la venta virtual como las respuestas del candidato. Si en esta entrevista un candidato no logra construir una buena interacción, esa es una muestra de que esta persona podría no tener éxito en el entorno de la venta virtual.

A medida que los eventos presenciales se paralizaron, los vendedores, acostumbrados a generar clientes potenciales durante los eventos de networking presenciales, tuvieron que desarrollar el dominio de las redes sociales, particularmente en LinkedIn. La función general de desarrollo comercial, al igual que la función de ventas, se vio obligada a volverse virtual.

Los vendedores externos estaban acostumbrados a realizar reuniones en persona y tenían la ventaja de observar el lenguaje corporal y las expresiones faciales de sus prospectos encargados de la toma de decisión de compra. Pero, con la venta virtual, construir relaciones fue diferente, porque los vendedores no estaban sentados en el mismo lugar que sus prospectos. Durante una reunión en persona, cuando un ID permanecía callado, el vendedor externo podía ver que su silencio se debía a que estaba tomando notas o reclinándose en su silla para pensar, lo que hacía que el vendedor hiciera una pausa por un momento. Con la venta virtual, esa oportunidad se pierde, a menos que el vendedor esté utilizando una cámara web (un punto que retomaré más adelante en este mismo capítulo) para hablar con su prospecto. Por lo tanto, los vendedores externos que eran nuevos en la venta virtual no sabían cómo manejar esos silencios.

Lo mismo ocurre con las presentaciones. Al hacer su presentación en persona, los vendedores tienen la oportunidad de "leer el auditorio", pero eso no es posible con la venta virtual. Cuando se trata de presentaciones grupales, incluso a través de una cámara web, es mucho más difícil analizar las expresiones faciales y el lenguaje corporal de los asistentes, dado que las imágenes de los participantes son pequeñas y el enfoque del vendedor está puesto en facilitar la reunión de manera efectiva.

Cuando se trata de propuestas, los vendedores externos están acostumbrados a sentarse frente a frente con su prospecto y revisarlas. Los vendedores virtuales no tienen esa interacción, así que, a menudo, envían sus propuestas por correo electrónico y quedan a la espera de una respuesta positiva.

También existe la percepción de que la venta virtual es mucho más desafiante que la venta en persona. Algunos hasta debaten si en verdad se puede hacer. Es por eso que estoy aquí para decirte que sí se puede. La venta virtual no es más difícil que la venta en persona; simplemente, es diferente. De modo que, para tener éxito, necesitas implementar la estrategia propuesta por *¡Vende diferente!* para hacer ventas virtuales.

Domina la tecnología antes de usarla

La venta virtual mostró la necesidad de utilizar varias herramientas tecnológicas que surgieron en el mercado a gran velocidad con ese propósito. Los vendedores se apresuraron a usar estas herramientas tan geniales y emocionantes, lo que causó un gran problema de efectividad en sus ventas, pues las implementaron tan rápido en su repertorio de ventas virtuales que no invirtieron el tiempo necesario para conocerlas y dominar su uso. Por consiguiente, al tambalear con la tecnología durante su interacción con un prospecto le restaban valor a la reunión y generaban una impresión negativa. Por supuesto, los ID no culpaban a la tecnología por no funcionar correctamente. ¡Culpaban al vendedor! Es por eso que, antes de usar cualquier tecnología para vender, es crucial que te asegures de saber usarla como debe ser.

> Tambalear con la tecnología durante una interacción
> con un prospecto le resta valor a la reunión
> y genera una impresión negativa.

Prueba siempre la manera en que funciona la tecnología que vayas a usar. Hazlo antes de cada reunión con un prospecto. Las actualizaciones de hardware y software a veces pueden causar problemas con otras aplicaciones y tú no quieres enfrentarte a un problema tecnológico desde el comienzo de tu reunión, ni durante ella.

Animo a los gerentes de ventas a probar cómo está el nivel de competencia de sus vendedores en cada nueva tecnología antes de que ellos salgan a usarla para vender. Organicen un ejercicio de simulación que les permita a sus vendedores demostrar que saben usar sus herramientas virtuales. Es mejor hacer que ellos demuestren competencia en un entorno de prueba en lugar de que arruinen una relación con un prospecto, porque no supieron cómo usarla correctamente.

¿Cámara web o no?

Una de las primeras decisiones tecnológicas que debes tomar tiene que ver con el uso de la cámara web al momento de vender. Algunos ejecutivos y vendedores sienten que esta es imprescindible para la venta virtual. Otros sienten que es una distracción innecesaria.

El uso de una cámara web brinda un beneficio importante como lo es la capacidad de ver las expresiones faciales y parte del lenguaje corporal del prospecto. De cierta manera, imita una interacción de ventas en persona. Ese es mi argumento para usar cámaras web cuando sea apropiado. Ah... pero ¿qué significa "apropiado"?

Hay algunos aspectos que tanto el vendedor como el prospecto deberán tener en cuenta si van a utilizar una cámara web. En primer lugar, el vendedor debe asegurarse de lucir bien presentado. La vestimenta descuidada o que el prospecto vea un fondo desordenado del lugar donde se encuentra el vendedor son dos detalles que constituyen un total error. Entonces, si vas a usar una cámara web, ten cuidado con tu presentación personal y con el fondo que verá tu prospecto. Esto afectará la impresión que él tenga sobre ti, sobre tu empresa y sobre lo que estás vendiendo, lo que significa que afectará tu negocio.

Al igual que tú obtienes la ventaja de ver las expresiones faciales y el lenguaje corporal de tu prospecto, él también verá los tuyos. Eso puede ser una ventaja o una desventaja. Por un lado, debido a la forma en que se diseñan muchas sillas de oficina, muchos vendedores tienen una mala postura en el escritorio. Se sientan desplomados entre ellas, lo que crea una impresión negativa en la cámara. Algunos vendedores se inquietan o juegan con sus bolígrafos durante la llamada. Lo peor de todo es que hay quienes les envían mensajes de texto y correos electrónicos a otras personas durante la reunión virtual. ¡Tu prospecto te ve haciendo todas estas cosas y esto da una impresión negativa sobre ti! Si te observan realizando múltiples tareas en tu cámara web, habrás perdido tu esfuerzo, tu tiempo y a tu prospecto. Eso significa que, si vas a usar una cámara web, deberás ser muy sensible a lo que refleja tu personalidad a través de la pantalla.

Usar una cámara web es diferente a reunirte en persona. Estamos acostumbrados a mirar a la gente a los ojos. Todos hemos sido entrenados para eso. Con una cámara web, vemos a nuestros prospectos en la pantalla de nuestra computadora, así que mirarlos a los ojos no es realmente mirarlos a los ojos en este caso. Tenemos que mirar a través de la lente de nuestra cámara para estar realmente mirando a los ojos a quien tenemos conectado al frente nuestro. Necesitas un tiempo para sentirte cómodo haciendo eso.

Además, las cámaras web de las computadoras portátiles hacen que mires hacia abajo cuando miras fijamente a la cámara. Por lo tanto, asegúrate de levantar tu computadora portátil colocando así sea una pila de libros debajo de ella, de modo que quedes mirando de frente a tu contacto. Todo esto significa que necesitas preparación y práctica por tu cuenta y ensayar con la cámara web antes de usarla para vender.

Cuando use cámaras web y cualquier otra tecnología en la venta virtual, dales a tus contactos instrucciones claras, paso a paso, para así configurar la reunión de manera confortable y adecuada. Descubrirás que algunas personas se sienten muy cómodas con la tecnología, mientras que otras no. Además, las tecnologías de reuniones virtuales de la competencia bien podrían tener matices distintos a los tuyos cuando ellos las usan y tus prospectos podrían frustrarse tratando de entender cómo funcionan tus herramientas. Entonces, cuando les proporciones información e instrucciones sobre la reunión, incluye tu número de teléfono para que ellos puedan llamarte si están teniendo alguna dificultad para unirse a la reunión. En ocasiones, esas dificultades pueden no tener nada que ver con la tecnología; quizá, podría ser que tu *firewall* interno les esté impidiendo unirse a la reunión.

La siguiente es otra razón para usar cámaras web siempre que sea posible: si estás viendo a tus prospectos, es mucho más probable que ellos silencien sus teléfonos y no realicen múltiples tareas mientras conversan contigo. Créeme, ¡sucede! Por razones obvias, no queremos que nuestros posibles clientes mantengan conversaciones paralelas o lean correos electrónicos, ya que les estamos compartiendo información importante.

Ahora, ya que te he expuesto mis razones por las cuales creo que es bueno usar una cámara web, es probable que estas parezcan una obviedad. A lo mejor, estás pensando: "Debería usarla en cada llamada de ventas virtual". ¡Espérate! Hay otro aspecto que me gustaría que tuvieras en cuenta antes de encender tu cámara. Piensa en la otra persona que estará en la reunión virtual. Es posible que se trate de alguien que no quiera que lo vean, sobre todo, si trabaja desde casa y no siente "que la cámara sería amigable con él/ella" ese día. De pronto, si trabaja en una oficina y tiene información privada en una pizarra o un escritorio desordenado, lo más probable será que no quiera hacer una videollamada. La clave es ofrecerle a tu prospecto la opción de la videollamada, pero no asumas que este contacto quiere tener ese tipo de interacción contigo en ese mismo instante. Preguntar, en lugar de asumir, contribuye a evitar una situación incómoda.

También tienes la opción de tener tu cámara web encendida mientras la de tu contacto está apagada. Así, tu prospecto te ve, pero tú no ves a tu prospecto. No es la mejor opción, pero es mejor que no usar ninguna cámara web.

Produce una magnífica primera impresión

Uno de nuestros objetivos al planear una reunión virtual es generarle a nuestro prospecto una excelente primera impresión. Una forma de hacerlo es proponiéndole una agenda clara a seguir, junto con la invitación y pedirle sus comentarios al respecto. Observa el uso del verbo "proponer" en lugar de "establecer".

En la invitación, proponle una agenda, diciéndole algo como:

> "Lo que estaba planeando cubrir durante nuestra reunión es A, B y C. Sin embargo, para que nuestra reunión signifique un muy buen uso de tu tiempo, ¿de qué te gustaría que habláramos?".

La respuesta a esa pregunta contribuye a que haya claridad sobre aquello que es más importante para tu prospecto y sobre lo que debe lograrse durante la reunión. De ese modo, al proponer una agenda mutua, comunicas que estás interesado en lo que la otra persona quiere lograr durante la reunión y no solo en lo que tú quieres cubrir.

El día de la reunión, llega siempre 10 minutos antes del comienzo de la reunión. Esto te da tiempo para asegurarte de que la tecnología funcione correctamente. Apaga tu celular. Coloca un cartel fuera de tu oficina o cubículo que diga "en reunión virtual". Si trabajas desde casa, coloca un letrero sobre el timbre de tu puerta. Todos estos pasos ayudan a evitar interrupciones innecesarias. Al comienzo de cada reunión virtual en la que uses una cámara web asegúrate de que tanto tú como tu prospecto puedan verse y escucharse mutuamente. Esta es una forma adicional de evitar encuentros incómodos. Asegúrate de cerrar las aplicaciones innecesarias para que no impidan el rendimiento del software de reuniones.

Si bien es conveniente usar las funciones de audio en tu PC, usa el audio de tu teléfono. Descubrirás que esta calidad es superior a la del PC. Te recomiendo que nunca uses un altavoz. Mucha gente toma esto como una falta de respeto. Suena distante, el audio se interrumpe o se distorsiona y puede parecer arrogante y fastidioso. Utiliza auriculares para tener la mejor experiencia de audio posible. Anima a tus prospectos a que usen un teléfono para la parte de audio de la reunión. De ese modo, ellos también tendrán una gran experiencia en lo referente a las herramientas de comunicación que estarán utilizando.

Otra forma de dar una excelente primera impresión es creando una página de bienvenida con PowerPoint. Incluye el nombre de tu prospecto, su logotipo y los temas que él propuso para la agenda. Compártele tu pantalla cuando llegues para que tu prospecto vea de inmediato la página de bienvenida. Notarás que acceder a la mayoría de las tecnologías empleadas para realizar reuniones virtuales requiere de unos cuantos pasos. Casi daría la impresión de que estás ingresando unos códigos secretos con el fin de lanzar unos misiles nucleares. Lo increíble es que, incluso con todos esos pasos, los ID aún no se sienten seguros de si estarán o no en la sala virtual correcta. Es por esto que la personalización prepara el escenario para la realización de una gran reunión.

Otro beneficio de las reuniones virtuales es la oportunidad de grabarlas. Antes de presionar el botón de "grabar" al comienzo de la reunión, asegúrate de pedirle permiso a tu prospecto para hacerlo. No te sorprendas si te pide que le envíes una copia de la grabación, ya que esto le permite concentrarse en la conversación durante la reunión en lugar de tomar notas.

El proceso de la venta virtual

Construir una relación es algo que a todos nos han enseñado a hacer. Cuando conocemos a un prospecto en persona, conversamos sobre el clima, el juego de pelota de la noche anterior o sobre algo de interés que veamos en su oficina. Sin embargo, la expectativa en un entorno de venta virtual es diferente. Los prospectos esperan que tú seas mucho más consciente de su tiempo y comiences las reuniones de negocios más rápido, así que usa la reunión para generar una buena relación en lugar de hablar de temas que podrían percibirse como una pérdida de tiempo.

Llevar a cabo conversaciones de descubrimiento virtualmente no es muy diferente a cuando estás en una reunión en persona. Antes de la reunión de descubrimiento virtual, da a conocer cuáles son tus criterios para que el negocio tenga éxito, formula las preguntas que necesites hacer y prepara muy bien la información que compartirás. De nuevo, este ejercicio de preparación no es diferente a cuando la reunión se lleva a cabo en persona.

Durante la reunión virtual, habla más despacio que como normalmente hablarías durante una reunión en persona. Si hablas rápido, tu prospecto podría perder información clave. Y si alguna vez tienes una situación incómoda en la que ambos están hablando al mismo tiempo, siempre déjalo hablar primero. Después de todo, queremos que nuestros prospectos hablen más que nosotros. Lo que ellos tienen que decir es más importante para la venta que lo que tú tienes que decir en ese momento.

Como sugerí anteriormente, la venta virtual efectiva requiere que tú te sientas cómodo con el silencio del prospecto durante la reunión. A lo mejor, estará pensando o tomando notas. De modo que la interrupción de esas actividades puede hacer que tu prospecto pierda el hilo de sus pensamientos, lo que le resta valor a la venta. La estrategia correcta para hacer una venta virtual efectiva es, al comienzo de la reunión, pedirle al prospecto que ambos compartan cuándo están tomando notas para que los dos puedan hacer una pausa. Además, deberás planificar pausas después de secciones importantes de la conversación. Dile que estás haciendo una pausa para permitir que los dos tomen notas y pídale que sea él quien indique cuándo está listo para continuar.

Durante la etapa de presentación virtual del proceso, hay un error común que cometen los vendedores con sus ilustraciones: les escriben demasiadas palabras o presentan una ilustración demasiado complicada y difícil de seguir en la pantalla. Esto puede ser fatal para conseguir el negocio.

Si esto te suena a que ese es tu enfoque y te erizas, permíteme explicarte por qué ese es un problema importante: *las personas no pueden leer y escuchar de manera efectiva al mismo tiempo.* ¡No funciona! Inténtalo. Te darás cuenta de inmediato que experimentarás esa dificultad. Eso significa que, cuantas más palabras se coloquen en la diapositiva, menos escuchará tu prospecto lo que le estés diciendo. Dado que uno de los objetivos durante una presentación es el compromiso de brindarles la máxima claridad posible a los participantes, ese enfoque visual crea una barrera evitable. Las presentaciones efectivas son conversaciones, no soliloquios. Por lo tanto, lo que se muestra en la pantalla debe fomentar la conversación, no entorpecerla.

Entre otras cosas, la razón principal por la que los vendedores tienen tanto texto en sus ilustraciones no es buscando el beneficio del prospecto, sino el suyo propio. No están preparados para la reunión, así que usan la imagen para que esta les muestre qué decir o leen palabra por palabra lo que escribieron en ella. Esa es una pésima razón para saturar la parte visual de su presentación. En más conveniente que uses una función de "notas" que el prospecto no vea y te ayude a mantener bajo control la entrega del punto que estás desarrollando.

Por alguna razón, la palabra "presentación" les transmite a los vendedores el mensaje equivocado. Cuando los prospectos piden presentaciones, los vendedores piensan que esa solicitud implica una conferencia de 45 minutos, junto con una sesión de preguntas y respuestas de 15 minutos. Quizá, surja la palabra "presentación", pero los prospectos están buscando algo más. Entonces, en lugar de preocuparte solo por el contenido de cada diapositiva, pregúntate introspectivamente cómo convertir la presentación en una conversación. Te aseguro que, si hablas más de cinco minutos seguidos, ellos no estarán escuchándote, pues habrás perdido su atención. Habrás hecho un soliloquio magistral sobre tu empresa y tus soluciones. Pero nadie te escuchó.

A continuación, te daré un consejo simple, relacionado con la parte visual de tu presentación. Si tus prospectos viven la misma experiencia leyendo las diapositivas por su cuenta, ¿cuál sería el objetivo de la tu presentación virtual? No habría ninguno, así que usa imágenes con texto para enfatizar los puntos primordiales de discusión, no para leerles a los participantes todo un texto durante toda la reunión. Además, para cada imagen, desarrolla preguntas que generen compromiso en ellos. Esto te impedirá hacer una conferencia durante toda la reunión.

> Use texto visual para enfatizar los puntos de discusión, no para leerles a los participantes durante toda la reunión.

Cada vez que se necesiten palabras en las diapositivas que vayas a presentar, usa la función de "construir" para que los participantes en la reunión solo vean el texto relevante para esa parte de la discusión. Y no hay ninguna ley que diga que el texto debe ir precedido de viñetas. En la mayoría de los casos, tener una sola palabra/frase o una gráfica en pantalla es más poderoso que tener múltiples viñetas. (Si estás pensando que estos problemas no se limitan a la venta virtual, tienes razón. Este es un problema importante también durante las presentaciones en persona).

Algunos vendedores tratan de usar sus presentaciones virtuales para dos propósitos: para facilitar la reunión y como una herramienta para enviarle el contenido al prospecto como un recordatorio después de la reunión. En lugar de intentar cumplir un doble propósito, usa dos herramientas. Utiliza la presentación estrictamente como una herramienta para facilitar la reunión. Luego, envíales a tus prospectos un resumen narrativo de los aspectos más destacados de la reunión. (Explico la estructura del correo electrónico narrativo en el Capítulo 11). Esto ayudará a garantizar que ambas herramientas sean efectivas para ayudarte a hacer negocios a los precios que deseas.

> Envíales a tus prospectos un resumen narrativo de los aspectos más destacados de la reunión. Esto ayudará a garantizar que ambas herramientas sean efectivas para ayudarte a hacer negocios a los precios que deseas.

Cuando llega el momento de documentar la solución en una propuesta, muchos vendedores virtuales se la envían por correo electrónico al prospecto y esperan el mejor resultado posible. ¡Error! Los prospectos leen la propuesta pasando a la página de precios y, si no les gusta lo que ven, se desconectan y nunca más vuelves a saber de ellos. Una propuesta debe ser presentada en una reunión virtual y nunca enviada por correo electrónico, sino hasta después de que se haya llevado a cabo esa reunión. Esto le da al prospecto la oportunidad de hacer preguntas mientras lo guías a lo largo de las secciones de la propuesta. Además, te permite recibir sus comentarios. Enviar la propuesta por correo electrónico sin esa reunión virtual puede conducir a un agujero negro de ventas y nunca más volverás a tener noticias del prospecto. Entonces, antes de presionar el botón "enviar", asegúrate de comprender los próximos pasos del proceso de toma de decisiones de tu prospecto o te quedarás preguntándote en qué terminó el negocio.

Un último punto sobre la venta virtual. Recuerda sonreír durante las reuniones. Este punto es importante, ya sea que estés usando una cámara web o no. Sonreír cambia la tonalidad de tu voz. Los prospectos pueden "escucharte sonreír" incluso cuando no te están viendo a la cara. Si bien las palabras que dices son importantes, la forma en que las dices también es importante. Si sonreír al hablar por teléfono no es algo que estés acostumbrado a hacer, coloca un espejo frente a ti para que puedas ver tu rostro durante las reuniones virtuales. Ese cambio sutil tendrá un gran impacto en las conversaciones virtuales que tengas con tus prospectos.

La venta virtual comenzó como una necesidad, pero rápidamente se convirtió en una oportunidad de ¡vender diferente! Se ha demostrado que aumenta la productividad de las ventas al eliminar los viajes, lo que también reduce el precio de venta. Durante la pandemia, los ejecutivos y vendedores se dieron cuenta de que era posible hacer negocios a los precios que ellos querían a través de ventas virtuales efectivas. Las mejores fuerzas de ventas analizaron las métricas de conversión durante cada fase del proceso de adquisición de nuevos clientes e hicieron ajustes para aumentar su eficacia. De manera que ajusta el proceso, domina la tecnología y aprovecha esta gran oportunidad de venta, porque la venta virtual llegó para quedarse.

Concepto de venta virtual según ¡Vende diferente!

Las adaptaciones al proceso de adquisición de nuevos clientes y el dominio de la tecnología son las claves del éxito de las ventas virtuales.

CAPÍTULO 6

LA PERSONALIDAD QUE NECESITAS PARA HACER MÁS NEGOCIOS A LOS PRECIOS QUE QUIERAS

A medida que iba creciendo en la Ciudad de Nueva York, no fui un gran fanático de la lectura. Aparte de las páginas de deportes del *New York Post* y del *New York Daily News*, el único interés que tenía en la lectura estaba enfocado en los tomos de la *Encyclopedia Brown*. Me encantaba tratar de resolver los misterios, junto con Leroy Brown (también conocido como 'Encyclopedia Brown', el detective favorito de todos). Incluso releía secciones en busca de pistas, con la esperanza de resolver los misterios antes de que el autor revelara a los culpables de los crímenes cometidos.

Ahora, de adulto, tampoco me gusta leer, para disgusto de mi madre, una exmaestra de escuela pública de la Ciudad de Nueva York. Sin embargo, si bien no leo por placer, lo hago con mucha frecuencia y para crecer en mi profesión. Además, me encantan los programas televisivos que resuelven misterios, en especial, *Law & Order* (solo la versión original). No sabría decirte cuántas veces he visto los 456 episodios. Ver *Law & Order* también es uno de los mejores recuerdos que tengo de cuando Sharon y yo comenzamos a salir. Iba a su departamento los miércoles por la noche y veíamos los episodios de estreno y, al igual que con los libros de la *Encyclopedia Brown*, trataba de resolver los misterios antes de que los perpetradores fueran descubiertos.

Mi interés por resolver misterios es una estrategia que vengo aplicando en las ventas para hacerlas divertidas y efectivas. Siempre he mirado la venta no como la promoción de artículos, sino más bien tratando de resolver un "misterio" desde el punto de vista del ID. He tenido que buscar pistas para resolverlo. Las personas involucradas en el proceso de toma de decisiones siempre han tenido desafíos y objetivos al tomar la decisión de compra. El misterio que me encanta resolver es descubrir cuáles son esos desafíos y objetivos y diseñar una solución que haga que ellas se sientan entusiasmadas por comprar.

Tal como hago con los libros de misterio y los programas de televisión del mismo género, suelo analizar a cada ID con el que hago negocios. Eso significa descubrir cuáles son los verdaderos motivadores para que la persona actúe y tome la decisión de compra con respecto a lo que yo tenga para ofrecer, además de determinar su nivel de influencia para efectuar cambios en su organización. Traté de determinar cuáles ID apoyaban más mi solución y cuáles eran los más influyentes en el proceso de toma de decisiones. En esencia, busqué una entidad del ID a la cual me refiero como "mentor" y ahora pongo en marcha mi estrategia del mentor, mencionándola en *¡Vende diferente!*

Probablemente, habrás escuchado la expresión de ventas "entrenador interno" o el término "campeón". Yo siempre he sentido que esas expresiones son vagas. Para calificar como mentor, hay dos criterios específicos: pasión por lo que ofrece tu empresa y una fuerte influencia en el proceso de toma de decisiones.

Clases de mentores

Los mentores potenciales se clasifican utilizando dos escalas. Cada escala tiene una clasificación de cero a cinco. La primera escala mide el nivel de compromiso que él tenga con respecto a tu solución. Es crucial determinar si este ID es alguien que cree apasionadamente que lo que tú le ofreces es la solución adecuada para sus necesidades. Cuanto más alto sea ese nivel de compromiso, mayor será la puntuación. Estos son los criterios que los vendedores deben tener en cuenta al calificar el *nivel de compromiso* de un ID:

1. ¿Qué debería incluir y abordar una solución para que este ID la acoja?

2. ¿Cómo se compara la solución presentada con la que el ID está usando o pensando usar?

3. ¿Cuáles son las diferencias significativas entre mi solución y otras alternativas?

4. ¿Por qué esas diferencias le importan específicamente a este ID?

5. ¿Son esas diferencias lo suficientemente significativas como para que el ID tome cartas en el asunto?

6. ¿Cuándo quiere el ID que se implemente esta solución?

7. ¿Por qué esa fecha es importante para el ID y para la organización?

8. ¿Cuáles son las consecuencias de no cumplir esa fecha?

9. ¿Qué podría hacer su proveedor actual que daría lugar a que el ID decidiera no optar por un cambio?

10. Si la competencia ofreciera un precio 15% más bajo que el mío, ¿este ID seguiría estando convencido por completo en adoptar mi solución?

No tener en cuenta el impacto del precio (punto resaltado en la pregunta final) es un error común al evaluar el nivel de compromiso del ID. ¿Se retractará el ID? Algunos ID están comprometidos con una solución, pero es solo por el simple hecho de que sienten que están recibiendo el mejor precio (no el mejor valor) por parte del proveedor. Pero luego aparece un competidor, les ofrece un precio más bajo y eso es suficiente para ganarse su lealtad.

> Algunos ID están comprometidos con una solución, pero es solo por el simple hecho de que sienten que están recibiendo el mejor precio (no el mejor valor) por parte del proveedor.

La segunda escala mide el *nivel de influencia* en el proceso de la toma de decisiones. La evaluación de la influencia también es complicada. Algunos ID se posicionan a sí mismos como la persona al mando de todo, de la totalidad del proceso requerido para tomar la decisión de compra. Otros te aseguran que es su jefe quien "sellará" con su aprobación el negocio. En mi experiencia, es raro encontrar una verdadera situación de "sello" del negocio. Más bien, esto del "sello" suele ser una cortina de humo que engaña a los vendedores, haciéndoles pensar que la certeza de hacer el negocio es más alta de lo que en verdad es.

Estos son los criterios a tener en cuenta al calificar el *nivel de influencia* de un ID:

1. ¿Qué debe suceder para que la recomendación del ID sea seleccionada (mi solución)?

2. Cuando este ID le hace recomendaciones a la empresa, ¿qué suele suceder?

3. A futuro, ¿quién más debería participar en el proceso de selección?

4. ¿Qué conceptos y perspectivas habrá sobre la recomendación del ID?

5. ¿Por qué otros no apoyarían la selección de esta solución?

6. Si otros no apoyan la recomendación del ID, ¿qué pasa con el negocio?

7. ¿Tiene este ID la suficiente influencia en la organización como para efectuar el cambio?

Similar a la escala del *nivel de compromiso*, cuanto mayor sea el nivel de influencia en la toma de decisiones que ejerza el ID, mayor será su puntuación. Las siete preguntas anteriores te brindan información para analizar el nivel de autoridad en la toma de decisiones que posee el ID en cada trato en particular.

El *nivel de influencia* es una evaluación complicada. Es posible que estés tratando con un alto ejecutivo que tiene la autoridad para otorgarte el trato, pero que no lo hará sin el apoyo de sus informantes directos. O bien, puedes estar trabajando con un ID que necesita la aprobación de un alto nivel ejecutivo para otorgarte el trato. En ambos casos, necesitas una estrategia para avanzar en tu negocio.

Vulnerabilidades del trato

A medida que te relaciones con un ID durante las actividades para ganar o mantener su cuenta, procura clasificarlo, usando las dos escalas de evaluación, y suma los puntajes. La utopía en las ventas es un ID con una puntuación combinada de 10, pero eso es extremadamente raro de encontrar. El desafío al que se enfrentan los vendedores cuando implementan la estrategia de clasificación de mentores es que requieren de honestidad consigo mismos. Los vendedores son optimistas por naturaleza. Ese es uno de los aspectos que siempre me atrajo de esta profesión. Me encanta estar rodeado de gente positiva. Sin embargo, hay momentos en que el optimismo crea puntos ciegos en tu negocio. No estoy sugiriendo que te vuelvas pesimista, sino que adoptes la filosofía pragmatista. Un mentor que se clasifica como un 5 en ambas categorías rara vez, o nunca, surgirá. En esos casos, en lugar de confiar en el trato, pregúntate lo contrario:

¿Qué podría evitar que el trato se dé?

Responder esa pregunta expone honestamente los riesgos del trato, de tal modo que se tomen las medidas necesarias. En caso de duda, clasifica el negocio más abajo en la escala. Con ese enfoque, evitarás el riesgo de ser demasiado optimista y pasar por alto las vulnerabilidades de los acuerdos. Un mentor con una puntuación perfecta sucede por una de dos razones: o es una anomalía o el vendedor no fue honesto consigo mismo al evaluarlo.

Cualquier puntaje inferior a cinco, en cualquiera de las escalas, significa que el acuerdo tiene vulnerabilidades. ¿El ID no está demostrando un compromiso firme con la selección de tu solución? ¿El ID influyente tiene una relación personal con el titular? ¿Ha entrado en escena un nuevo ID? ¿Hay una batalla política dentro de la organización? Para tener éxito y hacer negocios a los precios que deseas, evalúa con mucho cuidado a cada mentor potencial, identifica las debilidades del trato y desarrolla las estrategias necesarias para eliminarlas.

Con las vulnerabilidades del trato en cuanto al *nivel de compromiso*, la estrategia para resolver puntajes de menos de cinco es diferenciar efectivamente *lo que vendes* y *cómo lo vendes* para demostrar un valor significativo. Observa si el ID con el que estás interactuando se muestra verdaderamente interesado en las soluciones que le ofreces. De no ser así, continúa con tu búsqueda del candidato a mentor adecuado. Si este tiene el potencial de entusiasmarse con tu solución, la responsabilidad de despertar ese entusiasmo recae en ti como vendedor.

Con las vulnerabilidades del acuerdo a *nivel de influencia*, la estrategia requerida es encontrar un ID más influyente, porque, el negocio podría colapsar si no tienes a esa persona adecuada en tu equipo.

Si quieres hacer negocios a los precios que deseas, siempre necesitarás tener un mentor fuerte en tu equipo.

Cuando pienso en mis ventas personales, en las ventas de mis equipos de ventas y en las ventas de mis clientes de consultoría, surge un tema constante: si quieres hacer negocios a los precios que deseas, siempre necesitarás tener un mentor fuerte en tu equipo.

Piensa en los negocios que has ganado y en los que has perdido. Con los que hiciste negocios a los precios que querías, lo más probable es que tenías un ID muy influyente como mentor. Cuando perdiste un negocio o tuviste que bajar tus precios para hacer el trato, lo más probable es que no tenías relaciones lo suficientemente sólidas con los ID más influyentes. A menudo, las ventas se consideran complicadas, pero identificar al mentor adecuado para cada negocio simplifica toda la estrategia de búsqueda de nuevas cuentas. La búsqueda del mentor adecuado para hacer el trato sirve como enfoque central para hacer tus ventas.

El mago

Las ventas serían una total felicidad si tuvieras la oportunidad de involucrar directamente a la persona que toma las decisiones de compra. A este ID yo lo llamo el "mago", un tomador de decisiones al estilo el mago de Oz que desea permanecer oculto. En ventas, el mago es el ID que firma el contrato de tu venta. A veces, este ID es magistral en su intento de permanecer detrás de bambalinas y negarse a interactuar contigo directamente.

La cuestión es que, si ese ID no está involucrado de manera directa en el proceso de toma de decisiones, el trato tiene vulnerabilidades que bien pueden ser eliminadas por un mentor fuerte que sepa vender internamente. En realidad, el mentor necesario no es solo alguien que sepa vender internamente, sino que luchará para que tu solución sea la elegida, porque él está convencido de que es la correcta.

Peligros potenciales de los mentores

Para resolver el misterio de tus ventas, tu misión es encontrar a los posibles candidatos a mentores más adecuados. ¿Quién en la organización estará más intrigado por lo que tus servicios o productos tienen para ofrecer? Si el beneficio principal de lo que vendes es la reducción de costos, los ID que se enfocan en ese tema son excelentes candidatos a mentores. Lo mismo es válido en lo referente a todos los beneficios de lo que vendes. Busca a aquellos ID cuyos intereses estén más alineados con los beneficios de todo lo que su empresa adquiere. Cuando encuentres los ID apasionados por esos aspectos, piensa en ellos como posibles mentores. Sin embargo, no olvides la escala de *nivel de influencia* en el proceso de selección de mentores.

Es posible tener un ID apasionado por tu solución, pero que carezca de la autoridad para impulsar el cambio en la organización. Esto significa que tus ventas se verán afectadas. Los ID con puntuaciones altas en el *nivel de compromiso*, pero con puntuaciones bajas en el *nivel de influencia*, son mentores débiles.

Te compartiré un ejemplo de este problema en mi campo de acción. A veces, los gerentes de ventas regionales se comunican conmigo para comentarme acerca de sus preocupaciones con respecto al plan de compensación que su empresa ofrece al hacer ventas por altas sumas de dinero. Algunos de ellos quieren hacer cambios en ese plan de compensación actual. Sienten que ese enfoque de compensación que están manejando es defectuoso y les urge en gran manera hacer un cambio. Sin embargo, no pueden contratarme para que los ayude a resolver el problema. ¿Por qué? Porque alguien a más alto nivel en la organización posee el control de ese plan de compensación. El hecho es que, sin esos ID involucrados, yo estaría desperdiciando mi tiempo, enfocándome en un trato que es muy poco probable que suceda. Lo mismo es válido para ti cuando se trata de invertir tu tiempo. Los ID con puntajes altos en su *nivel de compromiso,* pero con bajos puntajes en su *nivel de influencia*, crean espejismos de ventas que engañan a los vendedores, haciéndoles creer que sus tratos con ellos son más fuertes de lo que en realidad son.

¿Qué pasa con un ID que es muy amable contigo? ¿Es eso una indicación de que esta persona puede ser un mentor fuerte? No. No utilices la amabilidad del ID como parte de tu evaluación de esa persona como mentora. Eso no tiene nada que ver con las dos escalas de evaluación de un mentor. Algunas personas son fundamentalmente amistosas, pero no les apasiona resolver los problemas que tú enfrentas. Otras pueden ser gente huraña que, sin embargo, ven el valor de lo que ofreces y cuentan con la autoridad necesaria para hacer que el cambio suceda. De modo que la personalidad del ID no es un punto a tener en cuenta cuando la calificas como posible mentor.

Si bien es bueno contar con el apoyo de un ID, si esta persona no tiene una influencia significativa en su organización, no podrá desempeñar un buen rol como mentor. El nivel de influencia que tenga el mentor dentro de la organización es clave para el éxito de tu negocio. Dado que el mentor es el vendedor interno, es fundamental que tenga una gran influencia en el proceso de la toma de decisiones para que puedas hacer negocios a los precios que deseas.

El monstruo mentor

Hace varios años, fui contratado como vicepresidente de ventas y marketing de una empresa. Reportaba directamente al CEO, quien también era el propietario de la empresa. Por consiguiente, antes de ir a él con una idea que quería llevar a cabo, hacía mi tarea y me preparaba para la reunión. Sin embargo, rara vez tuve éxito en esas reuniones.

Iba a ellas y le decía al CEO lo que quería hacer, punto por punto. Obviamente, mi objetivo era conseguir su aprobación para así proceder. Para todas las preguntas que él me hacía yo tenía respuestas bastante convincentes. Aun así, no lograba obtener la luz verde que quería.

Un día, mientras estaba en la ducha, pensando en esa situación, la respuesta a mi problema me golpeó como una tonelada de ladrillos. Yo iba a estas reuniones en busca de aprobación, lo que significaba que mi enfoque era equivocado. Le decía lo que yo quería hacer, pero no le pedía sus puntos de vista sobre mi plan. Él era no solo el director ejecutivo, sino también el propietario de la empresa y nunca se me ocurrió pedirle su opinión. Debido a mi enfoque errado, en lugar de estar de acuerdo con la idea, él la rechazaba o la posponía. Desde una perspectiva de ventas, no lograba negociar con él, debido a mi enfoque de ventas errático.

Basado en esta epifanía, cambié la forma en que le vendía mis ideas. A partir de ese momento, llevaba conmigo toda la investigación que había hecho, pero no iba a él buscando un "sí" fácil. Cada vez que tenía una idea por presentarle, tenía que vendérsela. Empezaba cada reunión diciendo: "Estaba pensando en hacer esto. ¿Qué opinas al respecto?". Después de hacer este cambio en mi enfoque, salía de la mayoría de nuestras reuniones con las respuestas afirmativas que buscaba.

Los mentores suelen cometer este mismo error que yo. Durante sus interacciones con un ID, despiertan una gran pasión por su solución, lo que los lleva a una clasificación alta en la escala de su *nivel de compromiso.* Por lo tanto, se sienten tan emocionados que están dispuestos a lo que sea con tal que sus soluciones sean las seleccionadas. A veces, esta energía provoca fallas fatales en sus negocios. Por lo general, el mentor no es un vendedor profesional y no sabe cómo venderle a la organización tus ideas. El mentor necesita tu consejo sobre la venta para que no haya un daño irreparable en el proceso de la toma de decisiones.

Los vendedores deben entrenar a sus mentores sobre estrategias para lograr vender sus productos o servicios. El mentor está entusiasmado con la solución presentada por el vendedor y cree firmemente que esa es la solución adecuada para la empresa. El trabajo del vendedor es ayudarle al mentor a obtener lo que este quiere. Si el mentor obtiene lo que quiere, entonces, el vendedor obtiene el negocio a los precios que quiere. Si el vendedor simplemente está tratando de vender el trato para obtener un buen cheque de comisión, la estrategia del mentor fallará y el negocio se habrá perdido.

Anteriormente, en este mismo capítulo, presenté el perfil del mago, quien es el encargado de la toma de las decisiones finales para que tú logres el negocio. Pues, bien. Hay otro rol del ID que es necesario tener en cuenta y no es agradable. Este es el rol del mentor "saboteador" que prefiere el *status quo* o una solución alternativa a la tuya.

A veces, los vendedores y sus mentores, sin saberlo, crean saboteadores de tratos. Digamos que hay un ID al que no se le ha pedido que sea parte del proceso de desarrollo de la solución. Eso por sí solo puede hacer que este ID se convierta en un saboteador. Es sicología humana básica. Cuando las personas se sienten excluidas de la toma de decisiones, rechazan la decisión tomada por otros. Si se les hubiera pedido que participaran, lo más probable es que apoyarían esa misma solución a la que ahora se oponen. Cuando los ID quedan por fuera del proceso de toma de decisiones, en esencia, los estás invitando a explorar alternativas con tus competidores, cuyas soluciones estos saboteadores apoyarán fácilmente. ¿Por qué? Porque sí fueron involucrados en el proceso.

Ahora, ya conoces cuál puede ser un posible paso en falso en tu proceso de venta, pero es posible que tu mentor no vea el precipicio por el que estás a punto de caer. Eso significa que necesitas entrenar a tu mentor cada vez que veas que está ocurriendo o a punto de ocurrir este tipo de situación.

Analiza esta posible conversación:

"Mary, quiero agradecerte por tu apoyo a la solución que hemos desarrollado. He estado pensando en nuestro enfoque y tengo algunas preocupaciones. ¿Puedo compartirlas contigo?" (Una vez te diga qué sí, continúa).

"He trabajado con ejecutivos como tú durante mucho tiempo. En este punto del proceso, sigue uno de dos caminos. ¿Me permites que te los describa?". (Una vez te confirme, continúa).

"Un camino es involucrar a todos los miembros clave del equipo de toma de decisiones y solicitarles su opinión en el desarrollo de la solución. Esto hace que todos se sientan incluidos y, una vez se plantee la solución final, todos la apoyarán. Todos consiguen la solución que quieren. Como es obvio, estas son las soluciones que funcionan mejor, porque las partes interesadas sienten que tuvieron la oportunidad de ser escuchadas.

El otro camino es aquel en el que una persona trabaja directamente conmigo sin ninguna participación del equipo. Desarrollamos una solución que creamos que todos apoyarán. Una vez que se desarrolla dicha solución, se le informa al equipo. Lo que suele ocurrir en este caso es que esta persona no recibe elogios por un trabajo bien hecho. En cambio, sí recibe la resistencia y el escepticismo sin otra razón que el hecho de que las demás personas se sienten excluidas del proceso.

Esto es lo que me causa cierta preocupación. Puede que me equivoque, pero parece que vamos por este último camino. Me siento obligado a compartir esto contigo, pero no estoy seguro de cuál es la mejor manera de proceder. Quedo a la espera de tus opiniones. ¿Qué crees que debemos hacer?".

Esta táctica comunica un mensaje central. No estás tratando de vender algo. Estás guiando a tu mentor por un camino con el fin de ayudarle a conseguir lo que quiere. Este enfoque comunica un mensaje de apoyo al mentor. Entonces, él reconocerá que tú estás teniendo en cuenta sus mejores intereses. Además, esta conversación te ayudará a ser visto como un asesor de confianza. De ese modo, el compromiso del mentor contigo y con tu solución será elevado *(nivel de compromiso)*, ya que él sabe que tú realmente te preocupas por él y no por su billetera.

También notarás que, si bien conoces cuál es el camino a seleccionar, no le estás dando una reprimenda al mentor, sino que lo estás guiando para que él mismo vea los problemas potenciales que hay en el enfoque, de tal modo que tome la decisión que le asegure que obtendrá lo que él quiere.

La gran pregunta que tu mentor debe poder responder

A lo largo de su proceso de desarrollo como mentor, tu ID cree firmemente que lo que él ofrece es la solución adecuada para la empresa. En la mayoría de los casos, tu mentor tiene que venderles la idea a otros en la organización. De nuevo, la mayoría de los mentores no son vendedores, lo que significa que debes ayudarles a obtener lo que ellos quieren.

La primera pregunta que le harán otros ID es:

"¿Por qué recomiendas esta solución?"

Esta pregunta se la harán tanto los otros ID como el mago. Entonces, si tu mentor no tiene una respuesta convincente y clara para esta pregunta, el trato está en peligro y podrían surgir saboteadores.

Muchos vendedores realizan el "baile feliz" cuando sienten que tienen un mentor que luchará para cerrar el trato y luego se decepcionan cuando el trato se desmorona. Esta decepción se puede evitar haciendo una simple pregunta:

> **"Agradezco que la nuestra sea la solución que tú vas a recomendarle a tu compañía. ¿Puedo preguntarte por qué nosotros somos tu recomendación?"**

La respuesta a esa pregunta es reveladora. A menudo, entenderás que tu mentor respalda tu solución por una o dos razones específicas. Sin embargo, hay otras razones que pueden ser importantes para sus compañeros ID. Con base en su respuesta a esa pregunta, recuérdale las otras razones (diferenciadores) que podrían terminar de convencer a los otros ID. Lo que es más importante, ofrécete a enviarle un correo electrónico con puntos específicos que lo provean con la información que él necesitará para ejecutar esta función tan crucial en las ventas.

Ya sea que el mentor sea también el mago o no, es importante que él pueda describir sus razones específicas para respaldar tu solución. Tú estás confiando en que el mentor les *venda* el plan a otros ID. Los mentores que también son magos también necesitan venderles a sus subordinados su decisión. Los mentores que no son magos necesitan vendérsela a sus colegas y superiores. Es responsabilidad del vendedor preparar al mentor para que sepa cómo vender la solución lo mejor posible dentro de la organización. Recuerda, le estás pidiendo a alguien que no es vendedor que venda por ti, lo que significa que la totalidad de la responsabilidad de preparar al mentor para que tenga éxito recae 100% sobre tus hombros.

La razón por la cual este componente de la estrategia de mentor propuesta por *¡Vende diferente!* es crucial para el éxito de sus ventas es la credibilidad. En la mayoría de los casos, las personas que pertenecen a la organización tienen más credibilidad dentro de ella que los vendedores. Se considera que estas personas velan por los mejores intereses de la empresa y que no intentan ganarse el cheque de comisión más grande posible. En consecuencia, la perspectiva del mentor se considera más creíble, ya que él no tiene nada que ganar, llevando a la empresa por mal camino.

Haciendo tratos con los comités

En muchas organizaciones, las decisiones de compra las toma un comité. Esto hace que tener un mentor fuerte sea aún más importante. Necesitas a alguien dentro que luche de tal modo que el comité adopte tu solución.

Los vendedores tienen la responsabilidad de ayudarle al mentor a prever posibles obstáculos en las negociaciones y desarrollar estrategias para evitarlos.

A menudo, cuando escuchamos la palabra "comité", imaginamos a un grupo estructurado con objetivos alineados y un método claro para tomar una decisión. Pocas veces, ese es el caso. Por lo general, se trata de un grupo poco informado en el tema de la toma de decisiones. Algunos de sus miembros ya tienen establecidas sus propias agendas y para ellos el proceso de toma de decisiones es poco claro.

Cuando tienes un mentor con una clasificación de *nivel de compromiso* alto, la tarea por hacer consiste en ayudarle a conseguir lo que él y tú quieren. Los vendedores también tienen la responsabilidad de ayudarle al mentor a ver posibles baches en la negociación y desarrollar estrategias para evitarlos. Sin hacer esto, esos baches pueden llegar a convertirse en muros de ladrillos que acaban con los negocios.

Aquí hay una serie de preguntas para ayudarte a analizar la dinámica del comité, de tal modo que puedas guiar a tu mentor a conseguir su objetivo:

1. ¿Cuántas personas están involucradas en el proceso de evaluación?

2. ¿Cómo se seleccionó a esas personas para participar en el proceso de evaluación?

3. ¿Qué departamentos están representados en el grupo de evaluación?

4. ¿Qué papel juegas tú en el grupo de evaluación?

5. ¿Cuáles son los principales objetivos del grupo de evaluación?

6. ¿Cómo encaja la solución que discutimos con sus objetivos principales?

7. ¿Qué participación tuvo este grupo en la selección de la solución actual?

8. ¿Qué opinará el comité sobre tu recomendación?

9. ¿Qué puedo ofrecerte de tal modo que te ayude a que tus colegas vean lo que tú ves en nuestra solución?

10. ¿Por qué no apoyarían ellos la adopción de nuestra solución?

11. Si alguno de ellos no respalda tu recomendación, ¿qué sucederá a continuación?

12. ¿Cómo tomará una decisión el comité?

Las respuestas a estas preguntas son muy reveladoras en relación con la solidez de tu negocio. Sin duda, tendrás una imagen más clara de la clasificación del *nivel de influencia* de tu mentor.

Si tuvieras que realizar un análisis de los tratos que has hecho, encontrarías que:

1. Los tratos más rentables y los clientes más satisfechos contaron con la participación de mentores sólidos.

2. Por lo general, los tratos que hiciste sin un mentor (o con uno débil) los lograste en función del precio bajo que ofreciste.

Al revisar la pérdida de ciertos acuerdos, es probable que una de las siguientes afirmaciones sea cierta:

1. El trato carecía de un mentor fuerte, bien desarrollado y bien entrenado.

2. Un mentor de bajo rango era demasiado débil para hacer que el trato sucediera.

Sé como yo con la 'Encyclopedia Brown'. Coloca tu lupa de detective en cada ID. Busca y entrena al indicado, al que veas con el potencial de convertirse en el mentor fuerte que necesitas para hacer negocios a los precios que deseas.

Concepto de mentor de *¡Vende diferente!*

Para hacer más negocios a los precios que deseas es esencial tener un mentor bien entrenado, que esté 100% comprometido con tu solución y que tenga una gran influencia en la toma de decisiones.

CAPÍTULO 7

EL MITO DE LOS PROBLEMAS DE CIERRE

En el Capítulo 6, compartí mi pasión por resolver misterios. En consecuencia, apliqué toda esa pasión que siento hacia las ventas a través de la búsqueda del mentor adecuado que me ayudara a hacer más negocios a los precios que quería. Pero hay otra forma en que incorporé la resolución de misterios en las ventas: a través de la fase de descubrimiento en el proceso de captación de nuevos clientes.

De forma regular, los ejecutivos se comunican conmigo porque creen que sus vendedores tienen un problema importante que está acabando con su negocio. ¿Cuál es el problema? ¡El cierre! "Mis vendedores no logran cerrar", dicen. (Como mencioné en un capítulo anterior, no me gusta el uso de la palabra "cerrar". Los negocios llegan a buen término. No se cierran. Pero usaré "cerrar" en este capítulo, porque es un término omnipresente en las ventas).

Siempre les respondo preguntándoles qué es lo que quieren decir exactamente con eso. "¿Acaso, sus vendedores son incapaces de pedir la orden de compra?".

"No, ese no es el problema", me responden.

"¿Cuál es entonces el problema de cierre que ellos están experimentando?", les pregunto.

Ahí es cuando se abren las compuertas.

"Mis vendedores comentan acerca de los negocios que buscan y cuán seguros se sienten de hacerlos. Luego, llegan a la etapa final del proceso de adquisición de nuevos clientes y los acuerdos se deshacen. Algunos ID dejan de responderles. Cuando el negocio no va para ninguna parte, otros aducen una serie de preocupaciones, objeciones y retrasos en la toma de la decisión de compra. Cuando tienen tratos que bien podrían cerrar, hay ocasiones en que tienen que bajar los precios a niveles inaceptables. Todo eso es lo que podemos resumir como: 'Tenemos un problema de cierre'".

Después de escuchar esto, les agradezco a los ejecutivos por compartir esta información conmigo y procedo a estar en desacuerdo con su evaluación del problema. "Según lo que me estás diciendo, no tienes un problema de 'cierre'", les digo. "'Cerrar' es un síntoma del problema real que estás experimentando".

Desconcertados por mi respuesta, me preguntan: "¿Cuál es entonces el problema *real* de mi equipo de ventas?".

Esto conduce a una larga conversación sobre un tema fundamental en la profesión de ventas. El fondo de la causa por la que ellos no cierran sus tratos no está en la línea de meta. No se trata de hacer el negocio. Más bien, el problema reside en la línea de partida, en el manejo de la fase de descubrimiento en el proceso de adquisición de nuevos clientes. Lo que ellos necesitan para solucionar este problema es implementar la estrategia de descubrimiento de *¡Vende diferente!*

Algunas empresas y vendedores utilizan el término "descubrimiento" con sus ID. "Hagamos una reunión de descubrimiento". *¡Por favor!* "Descubrimiento" es una palabra propia del argot de las ventas. La usamos durante el desarrollo de nuestra estrategia interna y nunca debe usarse con un ID. Te diré por qué: cuando un ID te escucha usar el término "descubrimiento" asume que está a punto de pasar por un proceso de ventas y, de inmediato, se vuelve cauteloso y se pone a la defensiva. Después de todo, ¿quién quiere pasar por un proceso de ventas? De modo que, si has estado usando esa expresión, piensa en una expresión alternativa como "consulta". Los vendedores deben usar palabras y frases que le comuniquen valor y beneficio al ID en lugar de usar su propia jerga de ventas.

Olvídate de lo que sabías

Una de las premisas de venta más aceptadas es que las personas compran basadas en la emoción y justifican sus decisiones a punta de lógica. Prácticamente, todos los vendedores del planeta, en un momento u otro, han oído esa palabra. Sin embargo, muchos no aplican ese concepto cuando venden, sobre todo, en la fase de descubrimiento del proceso de adquisición de nuevos clientes.

En mi trabajo de desarrollo de estrategias de descubrimiento con mis clientes, observo que su énfasis está en adquirir datos y compartir información. A medida que analizan el proceso de descubrimiento, lo abordan por completo desde una perspectiva lógica. Ese enfoque no está mal, pero sí está incompleto.

La emoción impulsa al ID a la acción, no la lógica. ¿Cuántas veces le has presentado una propuesta de negocio sólida a un ID, pero él nunca actuó en consecuencia? Todos hemos tenido esa experiencia. La propuesta era fuerte y válida, pero el trato nunca avanzó, porque faltó el paso que consistía en despertar las emociones del ID a un nivel que lo llevara a actuar y decidirse por la solución que le estamos proponiendo.

La emoción impulsa al ID a la acción, no la lógica.

Independientemente de lo que vendas, los ID ya se sienten de cierta manera acerca de su situación, es decir, se sienten así desde antes de que te reúnas con ellos. Te daré un ejemplo que sea fácil de entender: una aspiradora. Cuando te reúnes con un

ID para tener una reunión de descubrimiento sobre aspiradoras, él ya ha experimentado las emociones que lo llevaron a reunirse contigo. Sus emociones incluyen *frustración* por no poder hacer la limpieza de sus alfombras; *irritación*, porque su aspiradora actual se apaga continuamente y *preocupación* porque un miembro de su familia sufre de alergias. Son esas emociones las que lo llevaron a aceptar una reunión contigo para hablar sobre la posibilidad de adquirir una aspiradora nueva. Eso significa que hay una pregunta importante que los vendedores deben hacerse:

¿Cómo creo que se siente el ID acerca de los desafíos que enfrenta desde antes de reunirse conmigo?

Una vez que los vendedores comprenden las emociones del ID, previas a la reunión, el siguiente paso es hacerse otra pregunta introspectiva importante:

¿Cómo quiero que se sienta este ID después de su reunión conmigo?

Los vendedores pueden entender cómo se sienten sus ID desde antes de la reunión, pero no siempre se preguntan cómo quieren que ellos se sientan después de la reunión. Entonces, si no responden a esa pregunta, ¿cómo pueden guiar al ID a lo largo de un proceso emocional que termine llevándolo a la acción? No pueden y no lo harán. Lo peor de todo es que existe un alto riesgo de que su negocio se estanque.

Para incorporar este componente en tu estrategia de descubrimiento, haz una lista de todos los posibles estados mentales que un ID puede estar experimentando antes de reunirse contigo. En cada caso, pregúntate por qué ese ID se siente de la forma en que se siente. A continuación, hay una lista maestra de posibles emociones y sentimientos comunes de un ID:

- Responsable
- Con miedo
- Enojado
- Ansioso
- Inseguro
- Competitivo
- Complaciente
- Preocupado
- Confiado
- Confundido
- Creativo
- Derrotado
- Decepcionado
- Irrespetado
- Empoderado
- Energizado

- Envidioso
- Eufórico
- Emocionado
- Expuesto
- Temeroso
- Frustrado
- Feliz
- Informado
- Inspirado
- Interesado
- Intrigado
- Malinterpretado
- Nervioso
- Optimista
- Con exceso de confianza
- Abrumado

- Pesimista
- Susceptible
- Triste
- Satisfecho
- Asustado
- Escéptico
- Apoyado
- Atendido
- Aterrorizado
- Tímido
- Triunfante
- Comprendido
- Sin poder
- Desinformado
- Sin apoyo
- Preocupado

Después de observar esta lista, haz otra lista de los estados mentales que deseas que los ID experimenten después de reunirse contigo. Nuevamente, con cada uno de ellos, pregúntate por qué esperas que esta persona se sienta así después de la reunión. En el ejemplo de la aspiradora, es posible que desees que el ID se sienta *seguro* de que encontró una aspiradora confiable que elimina los alérgenos de sus alfombras.

Identificar los puntos de inicio y finalización de sus emociones fue la parte fácil del desarrollo de la estrategia de descubrimiento que desarrollaste. La parte difícil fue implementar el plan para transformar las emociones que el ID estaba experimentando antes de la reunión, trabajando en tu plan hasta lograr que esta persona se sintiera como tú querías que se sintiera después de hablar contigo. Estas son algunas técnicas útiles para guiar la transformación emocional del ID durante el proceso de descubrimiento:

1. Hacerle preguntas que lo ayuden a evaluar emocionalmente la situación en la que se encuentra, así como a reconocer las oportunidades que le brinda una nueva solución.

2. Compartirle información que despierte emociones positivas en él, como historias de éxito de clientes en las cuales ellos tenían las mismas preocupaciones que las que el ID tiene en ese momento.

- Muéstrale imágenes, tablas y gráficas que te permitan enfatizar los puntos importantes de tu mensaje. Recuerda, un gran porcentaje de la población se compone de aprendices visuales, lo que requiere del uso de ilustraciones aptas para generar un impacto emocional en quienes las estén viendo.

- Si fuera necesario, hazle una demostración de la solución en acción, ya sea en vivo o en video. En el ejemplo de la aspiradora, muéstrala en acción.

Si no estás haciendo negocios a los precios que deseas, evalúa los aspectos emocionales del proceso de descubrimiento que estás implementando. Si notas que la transformación emocional no es una parte clave de tu estrategia de descubrimiento, esa puede ser la razón por la que tus negocios no se concretan.

Descubrimiento dental

Las emociones impulsan al ID a la acción, pero la lógica también es importante, porque los ID la usan para justificar sus decisiones. Otra razón común por la cual un proceso de descubrimiento débil es la causa esencial de los problemas de cierre percibidos, es el enfoque de las preguntas que le haces al ID. Si no le haces las preguntas correctas durante el descubrimiento, cuando llegue el momento del cierre, no tendrás la información necesaria y veraz para que el trato se mantenga estable y puedas cerrarlo. Y lo que es más importante: no tendrás las herramientas necesarias para hacer el negocio a los precios que quieres.

Voy a llevarte a un lugar al que seguro no quieres ir: al sillón del dentista. Estás allí para una limpieza y un examen de rutina. Después de que el higienista te realiza la limpieza dental, el dentista entra al consultorio armado con un instrumento afilado que tiene un gancho de metal.

"Recuéstate y abra bien la boca", te dice el dentista.

Luego, introduce una pequeña luz que alumbra el interior de tu boca, toma el instrumento afilado con gancho de metal y procede a entrar en ella, colocándotelo en la pieza dental más alejada de la parte posterior de tu boca y lo empuja hacia abajo para ver si se pega. Metódicamente, guía el instrumento a cada pieza de tu dentadura, una por una, usando el mismo proceso.

"Casi hecho", piensas. "Solo me queda un diente".

Entonces, sucede. El gancho se clava en el último diente que el dentista está examinando. "¡Puaj!".

"Uh-oh", dice el dentista, mientras se prepara para realizar un análisis más profundo de ese diente. "Parece que tienes caries. Tendré que hacer algunas pruebas para determinar con exactitud qué le pasa a tu diente".

Luego, dirige todo el enfoque del examen hacia ese diente para determinar la causa *esencial* del problema y la gravedad de la caries. Su objetivo es determinar una comprensión integral del problema y desarrollar una solución adecuada.

En síntesis, el examen inicial con el instrumento afilado con gancho de metal fue solo un escaneo. El gancho no resolvió ningún problema. Solo le permitió descubrir dónde se necesitaba más exploración para tener una imagen completa del problema.

Te comparto esta incómoda historia dental en contraste con la fase de descubrimiento del proceso de adquisición de nuevos clientes, porque durante el proceso de descubrimiento, los vendedores suelen hacer un tipo de pregunta. Sin embargo, en la mayoría de los casos, deberían hacer dos tipos de preguntas.

Preguntas horizontales y verticales

Volviendo al proceso de descubrimiento, las preguntas iniciales de escaneo son a las que me refiero como *preguntas horizontales*. Estas preguntas descubren "el qué". Te ayudan a identificar áreas potenciales del dolor o desafío que puede estar experimentando el ID.

Por lo general, los vendedores se olvidan de hacer las que yo llamo *preguntas verticales*. Estas preguntas descubren "el por qué". Deberían hacerlas cuando el gancho se clava en el diente. Las *preguntas verticales* están destinadas a proporcionar un análisis integral del dolor/desafío que experimenta el ID para así determinar el curso de acción adecuado. Cuando los gerentes de ventas perciben problemas de cierre, les sugiero que les hagan *preguntas verticales* a sus vendedores para dejar expuesto claramente el problema real.

> Las **preguntas verticales** están destinadas a proporcionar un análisis integral del dolor/desafío que experimenta el ID para determinar el curso de acción adecuado.

Por ejemplo, un gerente de ventas me dice que su vendedor le preguntó a un ID cuándo querían implementar el nuevo sistema en el que estaba interesado. El ID le respondió: "En agosto". El vendedor anotó "agosto" en su portafolio y pasó a la siguiente pregunta.

Preguntar "¿Cuándo le gustaría ver implementado el nuevo sistema?" es hacer una *pregunta horizontal*. Te dice "el qué", pero no "el por qué". Las *preguntas horizontales* no le brindan al vendedor las herramientas necesarias para avanzar en el trato, debido al "por qué" desconocido detrás de él. Eso es lo que proporcionan las *preguntas verticales*.

El solucionador de misterios que habita en mí necesita saber mucho más que la fecha en que el ID quiere que se le implemente su nuevo sistema.

Estas son las *preguntas verticales* que podría haber hecho el vendedor en función de la respuesta de "agosto":

1. ¿Qué tiene de especial agosto para que esa sea la fecha de implementación que elegiste?

2. ¿Cuáles serían las implicaciones si no se implementa un nuevo sistema para esa fecha?

3. ¿Cuánto tiempo hace que funciona el sistema actual?

4. ¿Por qué todavía no lo han cambiado por uno nuevo?

5. ¿Qué has intentado hacer con el sistema que tienes para ajustarlo a las necesidades actuales de la empresa?

6. ¿Cuáles fueron los resultados de tus intentos de ajustar el sistema para cubrir esas necesidades actuales que dices que tienen?

7. ¿Quién seleccionó el sistema actual?

8. ¿Cuál fue el criterio utilizado para seleccionarlo?

9. ¿Cómo afecta ese criterio de selección a la selección del nuevo sistema?

10. ¿Qué otros sistemas y procesos se ven afectados por los sistemas cambiantes?

11. ¿Pueden los otros sistemas y procesos afectar el cronograma de implementación?

12. ¿Cómo te verás afectado personalmente si no se cumple esa fecha de implementación?

13. ¿Qué tan importante es para ti implementar un nuevo sistema para esa fecha? ¿Por qué?

14. ¿Qué tan importante es para la empresa implementar un nuevo sistema para esa fecha? ¿Por qué?

15. ¿Vale la pena resolver este problema ahora? ¿Por qué?

16. ¿Qué debe suceder para que se logre la fecha de implementación en agosto?

17. ¿Quién debe participar para que se logre el cronograma de implementación de agosto?

18. ¿Qué impediría alcanzar esa fecha de implementación?

Apuesto a que tú podrías agregar más preguntas a esa lista de *preguntas verticales*, pero lo esencial aquí es que tengas claro el concepto de ser insaciable en tu curiosidad por buscar y analizar al máximo posible cada oportunidad de hacer negocios. Esta lista de preguntas ofrece un análisis integral de "agosto", y puestas juntas, estas responden "el por qué" de esa respuesta.

En este caso, obtener la fecha de instalación deseada es simplemente un dato. En sí mismo, no te proporciona lo que necesitas saber para mantener firme tu negocio y hacerlo a los precios que deseas. No te limites a anotar la fecha y a pasar a la siguiente pregunta. Quizá, pienses que el negocio está progresando, pero la verdad es que no se ha movido ni un milímetro. Y lo que es más importante, careces de la información necesaria para que el trato avance, lo que se vuelve dolorosamente evidente cuando no se cumplen las fechas de adjudicación previstas.

¿Un inconveniente o un problema?

Casi todos los libros de ventas insisten en lo importante que es el hecho de que, durante el proceso de descubrimiento, los vendedores identifiquen en qué consisten el descontento y los desafíos que experimentan los ID. Cuando los vendedores averiguan los desafíos de un ID, comienzan a frotarse las manos, porque creen que se les ha abierto la puerta a su solución. Por desgracia, muchos de ellos se desilusionan cuando sus tratos nunca avanzan más allá de la conversación inicial.

¿Cuál es la razón por la cual algunos acuerdos se quedan estancados? Esto se debe a que los vendedores no han utilizado *preguntas verticales* para determinar si el sentimiento de incomodidad que han descubierto en sus posibles clientes es un "inconveniente" o un "problema" para ellos. Esas dos palabras no son sinónimas.

Un inconveniente es simplemente una molestia. Algo desagradable. En nuestra vida cotidiana, todos nos encontramos con cosas y situaciones molestas. Sin embargo, no hacemos nada al respecto. Vivimos con ello hasta que ese inconveniente se eleva al nivel de problema. Es importante recordar esto. El hecho de que el inconveniente les cause un dolor de cabeza a los ID no significa que ellos tomarán medidas para solucionarlo. En realidad, pocos harán algo por resolver sus inconvenientes.

En cambio, los ID sí toman medidas cuando enfrentan un problema. Cuando esto sucede, ellos reconocen que deberán actuar de inmediato para solucionarlo. Es decir, la búsqueda de soluciones ha comenzado. Esto significa que los ID invertirán tiempo, recursos y dinero cuando se trata de resolver su problema, pero no buscan solucionar sus inconvenientes. Las personas resuelven problemas con soluciones.

Aquí es donde muchos vendedores se atascan. No hacen *preguntas verticales* para determinar si el desafío que le compartió el ID es algo con lo que él puede vivir o si, por el contrario, está listo para enfrentarlo. Si tú no sabes responder a esa incógnita, *haz preguntas verticales* (como las compartidas en las páginas anteriores) para comprender cuál es la perspectiva del ID.

A veces, los vendedores ven los problemas como problemas cuando sus ID solo los perciben como inconvenientes. Esta es una oportunidad importante que tienen los vendedores para inyectarles dinámica en sus tratos. A través de *preguntas horizontales y verticales*, los vendedores pueden ayudarles a los ID a ver el problema como un problema, a crear un sentido de urgencia para abordar ese problema y motivarlos a tomar medidas al respecto.

Además, puede ocurrir que el ID con el que estás hablando sienta que la empresa enfrenta un problema, pero sus colegas y superiores no lo perciben de esa manera. ¿Cómo sabes tú si los otros ID sienten lo mismo? ¡Preguntando! Usando *preguntas verticales*, preguntándole al ID si otros en la organización sienten lo mismo que él sobre el tema. Por ejemplo: "¿Tus colegas ven esto como un inconveniente o como un problema?". Esa pregunta será respondida con un breve silencio, mientras él analiza cómo se sienten los demás al respecto. Luego, te dará su perspectiva. Si otros ID muy influyentes no lo ven también como un problema, el trato tiene un alto riesgo de estancarse. En cambio, si todos comparten la misma perspectiva que tu ID, hay posibilidades de que el trato prospere.

El problema del "cierre"

Tanto las *preguntas horizontales* como las *verticales* son necesarias para mantener viva la dinámica en tus negociaciones. Las *preguntas verticales* te brindan las herramientas necesarias cuando se producen estancamientos.

"Decidimos posponer la implementación de un nuevo sistema", te dice el ID después de revisar tu propuesta.

El vendedor que solo hizo *preguntas horizontales* entra en pánico, porque reconoce que está atascado. Todo lo que sabe es el mes en que el ID quiere implementar una nueva solución, pero las respuestas a las *preguntas verticales* que hubiera hecho le habrían proporcionado las herramientas para revitalizar el trato.

Con esa información, el vendedor podría haber tenido una conversación con el ID más o menos como la siguiente:

"Gracias por compartir conmigo la decisión de posponer la implementación del nuevo sistema. Estoy algo confundido con lo que me comentaste cuando nos conocimos hace unas semanas, pues me mencionaste que la implementación de un nuevo sistema era fundamental tanto para ti como para la empresa, porque el sistema actual no es confiable, ya que está causando que tengas un exceso de personal de un 20% para respaldarlo y además está haciendo que las operaciones pierdan varias métricas de rendimiento clave. ¿Puedo preguntarte qué cambió?".

Al hacer *preguntas verticales*, el vendedor tiene la oportunidad de resucitar el trato o al menos de proponer una solución diferente, dada la información adicional proporcionada por el ID. Sin embargo, al no hacer *preguntas verticales*, el vendedor no tiene más remedio que marcar el trato como "muerto".

Esto también conduce a un problema relacionado con la etapa de descubrimiento que crea la percepción de que hay un problema de cierre. En las ventas B2B, los vendedores a menudo no descubren los impulsores comerciales de las soluciones que venden. Los impulsores comerciales son numéricos. Tienen impactos financieros tales como aumentos de ingresos, reducciones de costos y ganancias. Si existe la probabilidad de hacer negocios con lo que tú tienes para vender, es fundamental captar cuáles vendrían siendo los impulsores del negocio, utilizando *preguntas verticales*. La mayoría de los ID no van a apoyar la compra de tu producto, servicio o tecnología simplemente porque este les "hace las cosas más fáciles". Las *preguntas verticales* te llevan a descubrir la percepción del ID sobre el impacto financiero que tu solución podría tener en su negocio. Sin embargo, sin conocer esta información, el camino que conduce a la línea de meta de tu trato estará pavimentado con arenas movedizas.

Capacítate para hacer preguntas verticales

¿Por qué los vendedores no suelen hacen *preguntas verticales*? Si bien no tengo un título en sicología, sí tengo mi punto de vista sobre este tema. Yo soy un firme convencido de que la causa de esta ausencia de preguntas se remonta a la infancia. Los vendedores no hacen suficientes preguntas durante el descubrimiento debido a sus padres.

Los niños pequeños les hacen muchas preguntas a sus padres. "¿Por qué el cielo es azul?" "¿Por qué esa flor es tan pequeña?" "¿Cuándo vamos a llegar a donde la abuela?". Los padres toleran algunas preguntas y luego le cierran la puerta con firmeza a la posibilidad de contestarles más preguntas a sus pequeños. "Porque, simplemente es así. No más preguntas", les dicen. De esa manera, nos han condicionado a no hacer demasiadas preguntas, porque la gente se molestaría con nosotros si somos muy intensos preguntando cosas, lo cual hace que los vendedores sean demasiado tímidos durante el proceso de descubrimiento.

Si existe la probabilidad de hacer negocios con lo que tú tienes para vender, es fundamental captar cuáles vendrían siendo los impulsores de ese negocio, utilizando *preguntas verticales.*

Uno de los ingredientes clave de lo que yo llamo la receta del éxito en las ventas, que debe hacer parte del perfil del vendedor de alto rendimiento, es ser inquisitivo por naturaleza. Es decir, el vendedor exitoso debe ser alguien insaciable en su búsqueda por resolver los misterios de las ventas. Ese tipo de vendedor es el que reconoce que la "evidencia" clave por medio de la cual es más factible hacer negocios debe surgir durante el proceso de descubrimiento. Debido al "asunto de los padres" antes mencionado, las *preguntas verticales* no son algo natural en la interacción de la mayoría de los vendedores frente a sus prospectos, motivo por el cual ellos deben entrenar su mente para pensar de esta manera. He desarrollado una serie de ejercicios que te ayudarán a reprogramar tu mente para pensar en términos de saber hacer *preguntas verticales*. Estos te servirán para ir desarrollando la capacidad de captar un panorama del prospecto lo más completo posible. A partir de ahí, podrás elaborar la solución adecuada para todos y cada uno de ellos al tiempo que mantienes su interés en la compra.

En estos ejercicios encontrarás piezas individuales de información que los ID suelen aportar en respuesta a cada *pregunta horizontal*. Escribe tantas *preguntas verticales* como puedas en cuestión de tres minutos. Con algunas de ellas, he logrado que los clientes de coaching desarrollen más de 50 *preguntas verticales*, basadas solamente en esa información específica que les suministre su ID en medio de la conversación.

No intentes completar todos los ejercicios en un día. Estos están destinados a entrenar tu mente, así que elige un ejercicio por día (o por semana) y trabaja en él. Mejor aún, ponlo a prueba a manera de actividad grupal con tus colegas. Al final de los tres minutos, compara las listas de preguntas. Si a cada uno de ustedes se le ocurrieran 10 preguntas, apuesto que coincidirían por mucho en la mitad de ellas, lo que significa que cada uno de ustedes puede mejorar su estrategia de preguntas verticales. Aquí están las respuestas a las *preguntas horizontales:*

- "Quiero ponerme en forma".
- "Quiero papel tapiz rojo".
- "Quiero cajas de cartón".
- "Quiero más pasto para mi jardín".
- "Quiero un lápiz mecánico".
- "Quiero una alfombra azul".
- "Quiero un teléfono inteligente".

- "Quiero casarme".
- "Quiero una maleta".
- "Quiero un sofá".
- "Quiero un televisor".
- "Quiero una puerta de madera".
- "Quiero irme de vacaciones".
- "Quiero una computadora portátil".

¿Listo para probar algunas de las más desafiantes? Aquí hay cuatro respuestas más para el entrenamiento mental de *preguntas verticales:*

- "Quiero externalizar una función administrativa".

- "Quiero automatizar nuestros procesos de operaciones".

- "Quiero reducir las tasas de error en las operaciones".

- "Quiero comprar un CRM".

Cuando los ejecutivos perciben problemas de cierre, la estrategia de descubrimiento de *¡Vende diferente!* revela el verdadero problema, proporciona la solución y mantiene la dinámica en los negocios.

Concepto de descubrimiento de *¡Vende diferente!*

El descubrimiento integral es la base fundamental necesaria para mantener la dinámica en los negocios y para que vendas a los precios que deseas.

CAPÍTULO 8

DISECCIONANDO LA OBJECIÓN DE VENTAS MÁS DIFÍCIL

Si leíste mi libro *Sales Differenciation*, es muy probable que hayas levantado las cejas al leer el título de este capítulo. En ese libro, compartí mi perspectiva sobre los obstáculos que encuentran los vendedores en el camino a hacer un buen negocio. Yo no veo los obstáculos que surgen durante el proceso como objeciones, sino más bien como preocupaciones que nos comparten quienes influyen en las decisiones de compra. Cuando los vendedores las perciben como objeciones, su estrategia de venta es pelear. Así que sienten que su papel principal debe ser superar tales objeciones. En cambio, cuando las ven como preocupaciones del ID, su estrategia es sentarse en el mismo lado del escritorio que el ID (en sentido figurado, no literal) y trabajar juntos para resolverlas.

Ten la seguridad de que mi perspectiva sobre la manera más adecuada para enfrentar los obstáculos no ha cambiado. Sigo creyendo firmemente que los vendedores deben buscar resolver las inquietudes de sus prospectos, no tratar de superar sus objeciones. Sin embargo, en la mayor parte del universo de las ventas todavía usan la expresión "objeciones", así que usé esa terminología como el título de este capítulo, pero no es así como te sugiero que veas los obstáculos que surgen durante el proceso de ventas.

> Los vendedores deben tratar de resolver las inquietudes de sus prospectos, no tratar de superar sus objeciones.

Apuesto a que cuando leíste el título de este capítulo, supiste cuál sería el tema a tratar. La mayoría de los vendedores dice que el principal desafío de ventas al que ellos se enfrentan es el precio. Se lo presentan a sus ID y ellos suelen decir que es demasiado alto.

Así las cosas, solo les quedan dos opciones: perder la venta o bajar el precio. Como parte de mi trabajo de consultoría, reviso los flujos de ventas anteriores de mis clientes y realizo análisis *post mortem* sobre los negocios perdidos. Comúnmente, los vendedores dicen que perdieron un negocio debido a su "precio". La verdad es que los negocios nunca se pierden por el precio.

Cuando los ID les dicen a los vendedores que seleccionaron una opción alternativa porque era más barata, la mayoría de los vendedores percibe que el motivo de la pérdida de la venta fue que su precio era demasiado alto. Si bien eso puede ser lo que dijo el ID, esa no fue la causa real de haber perdido la venta. Cuando los ID plantean ese problema, no es un problema de precio. Lo que están haciendo es dándoles críticas constructivas a los vendedores. Les están diciendo que el valor demostrado no es proporcional al precio presentado. Pensando en términos de los dos lados de la balanza, cuando surge el problema del precio, el lado del precio de la balanza supera los métodos que el vendedor está utilizando para diferenciar lo que vende y cómo lo vende. Es decir, no le ha demostrado suficiente valor significativo al ID como para que este quiera respaldar el precio de la solución presentada.

Ladrándole al árbol equivocado

En la introducción de este libro, compartí que mi inspiración para escribir *Sales Differenciation* provino de mi trabajo como conductor de un servicio de transporte de lavandería. Una de las lecciones esenciales que aprendí de aquel emprendimiento fue la importancia de determinar cuál es el tipo de personas a las que les interesa lo que vendes. Aquellas personas que tenían una manera de transportar su ropa hacia y desde la lavandería y tenían tiempo para hacerlo sintieron que nuestro precio estaba "fuera de control". ¿Eran equivocados nuestros precios? ¡Absolutamente, no! Nuestros precios eran 100% los adecuados. Pero nuestros servicios no tenían el mismo valor para todos. Solo aquellos que carecían de los medios o del tiempo para transportar su ropa sucia le vieron valor al servicio que ofrecíamos. A menudo, los vendedores cometen el mismo error que cometió Dave cuando comenzó a ofrecer su servicio de transporte de lavandería. Es decir, pierden el tiempo persiguiendo prospectos que no tienen la posibilidad de convertir en clientes, debido a los precios que ellos quieren, porque esos compradores nunca percibirán suficiente valor en la oferta que les están presentando.

Esta es otra razón por la que no uso la expresión "perfil del cliente ideal". Me parece que les envía el mensaje equivocado a los vendedores y que conduce a una serie de problemas de fijación de precios. La palabra "ideal" implica que esta es una oportunidad que a la empresa le encantaría tener, pero es una rareza. Por otro lado, el "perfil del cliente objetivo" muestra claramente los atributos de las cuentas a seguir: aquellas que verán valor en lo que ellos venden. Esto sienta las bases para establecer la estrategia del precio de *¡Vende diferente!*

La percepción del valor también consiste en seleccionar el punto correcto de entrada en una cuenta. Antes de enviar un correo electrónico de prospección o de hacer una llamada de prospección, piensa en quién percibiría el mayor valor en lo que estás vendiendo. Si lo que vendes tiene un gran impacto en las finanzas de la empresa, el mejor punto de entrada lo representan los ID con responsabilidades de pérdidas y ganancias (P&G). Ellos verán el mayor valor en lo que ofreces.

Costo total de propiedad y retorno de la inversión

Cuando mi hija Jamie estaba buscando su primer apartamento universitario, encontró uno en un edificio que era un auténtico palacio. Me lo describió con cautela porque ella "sabía" que este estaba fuera de mi alcance desde el punto de vista financiero.

"El edificio es increíble", dijo. "Hay un gimnasio en el primer piso, cada apartamento está completamente amueblado y cada habitación y sala de estar tiene un televisor de pantalla plana".

Seguimos conversando al respecto y ella me habló de un segundo apartamento. Su alquiler era $100 dólares por mes más barato que el del "palacio", de modo que ella estaba pensando seriamente firmar un contrato de arrendamiento allí. Luego, continuó diciéndome que, para este apartamento, necesitaríamos comprar muebles para el dormitorio y la sala, así como un televisor. Además, quería hacer ejercicio y necesitaría comprar la membresía en algún gimnasio.

Por mucho que realmente deseara el apartamento más caro, mi hija estaba resignada a aceptar el más barato. Entonces, le pregunté: "¿Por qué crees que este apartamento es más barato?".

Me miró desconcertada y dijo: "¡Porque el alquiler es $100 dólares más bajo!".

"Eso es cierto, pero ¿qué pasa con los muebles, la televisión y la membresía del gimnasio que necesitaríamos comprar si alquilas el otro apartamento?", le respondí.

Luego, hicimos una lista de los costos correspondientes a cada apartamento. Para su sorpresa, el apartamento de alquiler más alto era la mejor oferta. De modo que, después de darme un gran abrazo, Jaime firmó de inmediato el contrato de arrendamiento de ese apartamento, obviamente, con una gran sonrisa en su rostro. Acababa de aprender un concepto de ventas muy importante llamado "costo total de propiedad" *(Total Cost of Price - TCO)*.

Yo debí haber recibido una comisión por esa venta. Después de todo, hice el trabajo que debería haber hecho el vendedor del apartamento de mayor precio de alquiler. Aquel vendedor habría perdido una venta innecesariamente, dada la percepción de mi hija con respecto a que ese precio era más alto. Los vendedores no pueden depender de los ID, ni de los padres de sus ID, para analizar sus precios y determinar si la suya es una buena oferta o no. Esa es una responsabilidad que recae 100% en los vendedores.

Uno de los errores que los vendedores suelen cometer al vender algo que tiene un retorno de inversión fuerte (*Return of Investement - ROI*) es no presentar un modelo financiero que lo respalde. Los vendedores afirman "enormes ahorros" y un "TCO y ROI" muy importante, pero no logran que el impacto financiero sea tangible para sus ID. Entonces, para ayudarles a sus posibles clientes a percibir un valor significativo en sus productos o servicios, es crucial desarrollar modelos que les permitan a ellos mismos ingresar sus propios datos y ver con sus propios ojos los ahorros que harían al decidirse por su oferta. No confíes en decirles con generalidades sobre el impacto financiero de lo que les estás ofreciendo. Eso carece de "empuje". No suena creíble. Más bien, ayúdales a que ellos vean por sí mismos qué tan conveniente sería su ganancia al hacer tratos contigo.

Demostrar efectivamente el ROI es una de las mejores formas de neutralizar las preocupaciones sobre los precios. Si tu solución cuesta un centavo más que la alternativa, pero la tuya puede proporcionar el doble de TCO/ROI, harás negocios a los precios que deseas. La clave es conectar la *lógica* (financiera) con las *emociones* de tus prospectos (con cómo ellos se sienten acerca del impacto financiero que les estás mostrando) durante el proceso de descubrimiento, como mencioné en el capítulo anterior.

A veces, los datos para calcular el impacto que generarían tus productos o servicios no están disponibles o el ID no quiere compartirlos contigo. Por eso, cuando diseñes tus modelos TCO/ROI, ten números de marcador de posición o cálculos basados en suposiciones, para que puedas calcular el TCO/ROI incluso si el ID no tiene datos precisos para ingresar.

Un gran ejemplo de la necesidad de un modelo TCO/ROI se ve claramente cuando vendes impresoras para computadoras.

Digamos que la impresora que estás vendiendo tiene un precio más alto que el de la competencia. Sin embargo, tus cartuchos de tinta, que es donde los fabricantes de impresoras realmente ganan dinero, duran más que los de la competencia. A la larga, tu solución es menos costosa que la de ellos, pero no esperes que tu ID se dé cuenta de eso. Necesitarás un modelo de TCO/ROI que demuestre el costo por página impresa, que, en este caso, estaría a tu favor y eliminaría la preocupación del ID por el precio.

Cuando estés seleccionando cuentas potenciales y determinando los puntos de entrada adecuados, tu estrategia debe ser buscar solo a aquellas que percibirán valor en lo que ofreces. Esto te ayudará a evitar que pierdas un tiempo de venta, que es crucial para ti, con aquellos que nunca comprarán lo que tú vendes a los precios que deseas.

¿El precio realmente importa?

Los vendedores son hipersensibles con respecto al tema del precio. Rara vez, sienten que su precio es demasiado bajo para el mercado. Por lo general, creen que es demasiado alto y, debido a esto, pierden una gran cantidad de tiempo y energía. Sí, lo que vendas debe tener un precio acorde con el valor proporcionado, pero la responsabilidad de demostrarles ese valor a los ID recae sobre tus hombros, como vendedor que eres.

Sin embargo, antes de que esa carga llegue a los hombros de los vendedores, el equipo ejecutivo también tiene responsabilidades que cumplir en el proceso de la venta. Demasiadas empresas no les enseñan a los vendedores cómo demostrarles un valor significativo de sus productos o servicios a los ID. En algunos casos, ni siquiera los propios ejecutivos saben cómo articular con claridad la estrategia necesaria para demostrar un valor significativo en lo que ofrecen sus vendedores. Así que, es apenas obvio que antes de poder enseñárselas a los vendedores, las empresas necesitan crear las estrategias de demostración de valor.

Sí, los ejecutivos bien pueden dejar la demostración del valor de sus productos y servicios en manos de los vendedores, lo cual es una receta segura para el desastre. Llegará en momento en que algunos vendedores descubrirán ya estando en el campo de acción cuál es esa estrategia ganadora para mostrar el valor de su oferta, pero la mayoría no lo hará. Para ser claros, es responsabilidad del equipo ejecutivo desarrollar su estrategia de precios para demostrar un valor significativo. Y, una vez definida, necesitan enseñarles a sus vendedores cómo ejecutarla. Entonces, y solo entonces, se convierte en responsabilidad de los vendedores implementarla.

Sin esa enseñanza, tus vendedores bajarán continuamente los precios con tal de hacer ventas o tendrás una puerta giratoria de vendedores que no se desempeñan a los niveles deseados.

Si bien los vendedores son demasiado sensibles al efecto del precio, tal vez, le estén dando demasiado énfasis a eso. Si el precio fuera el factor de decisión fundamental, entonces, la gente siempre:

- Usaría la ropa más barata.
- Comería la comida más barata.
- Tendría los teléfonos más baratos.
- Conduciría los autos más baratos.
- Se afeitaría con una navaja de una sola hoja.
- Viviría en las casas más baratas.
- Usaría el papel higiénico más barato.
- Compraría las entradas más baratas para ver el juego de pelota.

Recuerda, muchas personas han comprado en tu empresa. Apuesto a que no fue por el bajo precio. Fue por el valor significativo que demostraron tus vendedores durante el proceso de adquisición de esos nuevos clientes.

Si no conoces las razones por las que el ID compró en tu empresa, agrega esa tarea a tu lista urgente de "cosas por hacer". No adivines las respuestas. Necesitas información objetiva. Recientemente, estuve compitiendo contra algunas de las compañías de capacitación en ventas más grandes del mundo, así como contra algunos profesionales independientes. Todos queríamos ganarnos un negocio y yo fui quien lo conseguí (sí, y a los precios que quería). El caso es que pensé que conocía la razón por la cual el cliente seleccionó a mi empresa, sin embargo, no me confié de ello y se lo pregunté durante la llamada de cierre. Si hubiera confiado en mis suposiciones, habría estado completamente equivocado. Es por eso que tienes que preguntarles a tus clientes por qué te eligieron, así aprenderás de esa experiencia y podrás usarla para hacer más negocios a los precios que deseas.

Perder una venta no debería ser del todo una mala noticia. Claro, a todos nos encantaría ganar todos los negocios, pero esa no es una expectativa realista en ningún entorno de ventas. No se espera que ningún vendedor cierre el 100% de los tratos. Sin embargo, un negocio perdido debe ser una experiencia de aprendizaje para ti y también para tu empresa. Animo a los gerentes de ventas a que se comuniquen con los ID cuando pierdan el negocio y les soliciten una breve conversación telefónica. A ese punto del proceso, la intención ya no es que ellos cambien de opinión, sino averiguar dónde se equivocó tu empresa y cuál fue el motivo por el cual el negocio no se realizó. Si dicen que se debió al precio, significa que el vendedor no demostró suficiente valor significativo para respaldar el precio presentado.

¿Importa el precio? ¡Absolutamente! Nadie, incluidos tú y yo, está dispuesto a pagar un centavo más de lo que necesita pagar por lo que quiere. Si no percibimos un valor significativo, el precio siempre será el factor determinante. La carga de esto recae en los vendedores, pues son ellos quienes deben demostrar un valor significativo que justifique sus precios.

La prueba de asombro

Después de un largo proceso de adquisición de nuevos clientes, ha llegado el momento de presentar una propuesta que incluya el precio. Entonces, dedicas incontables horas a formular una propuesta gloriosa que detalle tu solución integral. Orgulloso de tu trabajo, se la presentas al ID y él, saltándose las secciones "Acerca de nuestra empresa" y "Nuestra solución", pasa directo a la página de precios y dice: "¡Oh, Dios mío! ¡No pensé que esto sería tan caro!".

Lo que suceda a continuación determinará si ganas o no el negocio al precio que deseas. En el mundo de las ventas, existe un secreto de tipo comercial. Yo lo llamo "la prueba de asombro". Esta es la prueba que los agentes de compras y otros compradores profesionales presentan frente a los vendedores cuando ellos les presentan sus precios.

"¡Guau! Tu precio es un 25% más alto que el de tu competencia". Estos profesionales de la compra están entrenados para reaccionar con asombro solo por ver si el vendedor confía en el precio que ha presentado. Esta no es más que una táctica de negociación. A veces, los ID exageran su asombro ante la supuesta diferencia de precios de tal manera que tú puedas realizar algunos cálculos rápidos y veas si la afirmación que ellos hicieron sobre tus precios es falsa.

Recuerdo un momento en el que un agente de adquisiciones afirmó que nuestros precios eran un 50% más altos que los de la competencia. Entonces, revisé los números y vi que, si esto era cierto, el competidor estaba perdiendo un 18% en base a los costos fijos que ambos teníamos. Era muy poco probable que el competidor estuviera ofreciendo este tipo de trato. Cuando le pregunté al agente de adquisiciones sobre esa cifra del 50%, él se *estremeció*. Al final, hicimos el negocio a los precios que yo quería.

Los vendedores se evalúan en función de las métricas de ventas. Los agentes de compras se miden con las métricas de compra. El desempeño frente a esas métricas puede afectar sus salarios y bonificaciones, así que ellos tienen la obligación de pedirte un precio más bajo, ya que están actuando en el mejor interés de su empleador. Eso no significa que tú debas dárselo, pero ellos tienen que pedírtelo, así que prepárate.

La clave para pasar la "prueba del estremecimiento" es responder con confianza en tus precios. Si no crees que estás ofreciendo un precio justo por la solución, ¿por qué la presentas? Uno esperaría que tengas integridad, entonces, ¿por qué presentar algo en lo que no crees?

Algunas respuestas de ventas que garantizan que fallarás en la "prueba de asombro" incluyen:

- "¿Qué precio estabas buscando?".

- "Le preguntaré a mi gerente si podemos darte un precio mejor".

- "¿Qué tal si te hago un 10% de descuento?".

Estas son respuestas fallidas, porque generan problemas de confianza con el ID. ¿Estabas tratando de "estafarlo" con el precio que le presentaste? Una de dos cosas es verdad. O estabas tratando de aprovecharte o en realidad crees que proporcionaste un precio justo. ¿Qué otra opción hay?

Algunos vendedores dicen que esperaban una negociación. Ese es un buen punto; sin embargo, es una estrategia de negociación terrible dar la apariencia de que bajarás el precio en el momento en que alguien se resista. Ese enfoque da la impresión de que querías aprovecharte, así que buena suerte teniendo una relación saludable con un cliente después de eso.

La mayoría de las negociaciones termina en un punto medio. El ID quería 5; tú querías 10 y te conformaste con 7.5. Eso parece lógico. Sin embargo, si bajas inmediatamente tu precio, el término medio se vuelve más bajo. En el mismo escenario, si bajas hasta 8 desde el principio, el medio se convierte en 6.5. Como mencioné, debes administrar la negociación de manera que el nivel medio no sea inferior al nivel en el que deseas cerrar el trato.

Los vendedores exitosos tienen una respuesta planificada, me atrevo a decir "enlatada", para pasar "la prueba de asombro".

Ellos no esperan que un ID responda con entusiasmo al precio propuesto. Por eso, se anticipan a la sorpresa del ID y ya tienen listos ciertos métodos para manejar la situación. Estos son algunos de sus secretos:

1. **Establecen por adelantado las expectativas.** Al principio del proceso, los vendedores exitosos establecen la expectativa de que ellos no son el proveedor con más bajo precio. "Para ser claros, nuestra empresa rara vez es la oferta más baja. ¿Significa eso que no trabajaremos juntos en este proyecto?". Si les dicen que no, ellos ya están listos para las fases posteriores del proceso. Si les responden que sí, optan por preguntar sobre el impacto que tienen el ROI y el TCO en su toma de decisiones. Si eso no les importa a los ID, los vendedores con éxito sabrán que no deben invertir demasiado tiempo en una cuenta que no ganarán a los precios que ellos quieren. En otras palabras, si vas a perder, pierden rápido.

2. **¡No se inmutan!** Dicen: "No me sorprende tu reacción. Yo escucho eso mucho. Como te mencioné al principio, rara vez, nosotros somos los ofertantes con más bajos precios. ¿Crees que sería bueno que repasáramos la propuesta para asegurarnos de que estás comparando manzanas con manzanas?". Esta es la oportunidad de recordarles a los ID cuáles son tus diferenciadores y el valor significativo que les estás brindando con tu solución.

3. **Procuran comprender.** Ellos preguntan: "Cuando dices que estás sorprendido por el precio, ¿qué parte es la que te parece sorprendente?". Necesitan saber qué parte del precio cree el ID que está fuera de lugar, para luego abordar adecuadamente la situación.

4. **Tienen claridad sobre la perspectiva del ID.** Preguntan: "Cuando dices que nuestros precios son altos, ¿son altos con respecto a qué?". Nunca adivines. ¡Pregunta! Quizás, ellos estén comparando tus precios con algo en lo que

tú no habías pensado. Podría ser que tus precios son altos para su presupuesto, para su solución actual, para otro postor o para hacerlo ellos mismos. Entonces, para responder de manera efectiva, tú debes conocer cuál es la base de la comparación.

5. **Respaldan su posición.** Ellos preguntan: "Dado que rara vez somos los proveedores de bajo precio, ¿qué crees que ven en nosotros nuestros mil clientes, frente a la competencia, que los lleva a pagar un poco más por nuestra solución?". Esta pregunta le ayuda al ID a evaluar su perspectiva sobre el precio de tu solución.

Por otra parte, si vas a ceder en algo, necesitas recibir algo a cambio. Si estás dispuesto a hacer una concesión de precio, ¿qué está dispuesto a ofrecerte el ID que justifique que tú bajes tus precios? El hecho de "obtener algo" a cambio debe ser algo de valor para ti y para tu empresa, por ejemplo:

- Aumentar la cantidad de la orden (más volumen).

- Acelerar el pago del pedido.

- Ampliar la duración del acuerdo de compra.

- Reducir el alcance/los requisitos del acuerdo.

- Recibir la entrega antes o después de lo propuesto.

- Facilitarte presentaciones a altos ejecutivos en otras unidades de negocios o frente a colegas en otras compañías.

- Permitirte participar en una entrevista con su departamento de marketing para desarrollar un estudio de caso.

- Servir como referencia cuando sea necesario.

A menudo, los ejecutivos y los vendedores me piden que nombre el mejor programa de capacitación en ventas en el que yo haya participado. Esperando que nombre una de las principales empresas de capacitación en ventas del mundo, siempre se sorprenden con mi respuesta.

Hace muchos años, tuve la oportunidad de participar en una capacitación de agentes de compras. ¡Aquel fue el mejor entrenamiento de todos! Fue algo así como un entrenamiento de ventas para compradores. Me sentí como un espía, porque estaba aprendiendo los métodos que se les enseñan a los compradores para que ellos los utilicen al adquirir productos y servicios.

Durante un descanso, tuve una conversación interesante con el instructor sobre el tema del precio. Esto es lo que él me dijo:

"Durante 25 años, los vendedores me han pedido asesoramiento sobre el precio de su propuesta, ya que yo era el jefe de compras de mi empresa. Suelo decirle a cada uno de ellos lo mismo: 'Da el precio que mejor te parezca bien dar. Uno con el que, de cualquier manera, ganes'. Siempre obtuve una expresión de perplejidad ante esa respuesta". Entonces, continuaba explicando: "Sí, da un precio que, si haces el negocio a ese precio, estés feliz. Y si le dan el negocio a otra persona a un precio más bajo que el tuyo, pues también estarás feliz, porque no te sentirías bien al tener a ese cliente a ese precio".

Para compartirte un pequeño secreto, te diré que, cuando hago compras, siempre uso "la prueba de asombro". Es increíble lo rápido que los vendedores bajan sus precios. Apuesto a que le he ahorrado a mi familia un 20%, en general, de todos nuestros gastos, solo por tener una reacción de sorpresa cuando me presentan un precio. No es de extrañar que los compradores profesionales usen esa técnica. ¿Cuánto dinero de comisión habrán perdido los vendedores inexpertos porque alguien usó esta técnica de asombro con ellos? ¿Y cuánto dinero habrás perdido tú porque algún vendedor experto uso esta técnica de asombro contigo?

¿Cuánto dinero de comisión habrán perdido los vendedores inexpertos porque alguien usó esta técnica de asombro con ellos? ¿Y cuánto dinero habrás perdido tú porque algún vendedor experto uso esta técnica de asombro contigo?

Comprendiendo el por qué

Muchos vendedores creen erróneamente que entienden la preocupación del ID cuando le plantean el tema del precio. De hecho, ¡ese es un error fatal cuando se trata de hacer ventas! La verdad es que, al comienzo, no se sabe cuál es la causa de esta preocupación. Una multitud de posibilidades podría estar causando esta preocupación.

- ¿Es una cuestión de qué tanto uso podrán darle ellos al producto?

- ¿Será que sí pueden o no costearlo?

- ¿Quizá, vieron un producto similar a un precio más barato?

Hay otros motivos de preocupación en la mente de los prospectos, pero creo que ya entiendes el punto. En pocas palabras: sin saber qué está causando la preocupación por el precio, no es posible que puedas ayudarle a ningún ID a resolver su problema. Para compartir un ejemplo personal, vivo en Minnesota, donde ser dueño de un bote es común. Per cápita, ningún Estado tiene más propietarios de embarcaciones que Minnesota. Sin embargo, para mí, la propiedad de un barco es costosa. No es el precio del barco, ni el costo del mantenimiento y ni siquiera es el precio del amarre. Es el hecho de que la temporada de navegación es tan corta aquí que no creo que pueda aprovecharla lo suficiente como para justificar esa inversión financiera.

Por otro lado, compré unos autos a batería para mis tres hijos cuando ellos eran pequeños. Cada vehículo tenía una etiqueta de precio de $300 dólares. Caro para algunos, pero barato para mí.

¿Por qué? Porque mis hijos los usaron durante años. Desde mi perspectiva, esa inversión valió la pena cada centavo. En otras palabras, si obtengo una utilidad significativa de algún producto o servicio, puedo justificar su precio en mi mente.

En el otro extremo del espectro, como la mayoría de los padres, he comprado toneladas de juguetes en el rango de precios de $20 dólares y mis hijos los usaron una o tal vez dos veces. Después, nunca los volvieron ni a tocar. Para mí, ese es un producto caro.

Algunas otras preocupaciones de precios se centran en si los ID pueden o no pagar la solución propuesta. Algunos vendedores se enfocan en el presupuesto para determinar si su solución encajará o no dentro de lo que sus ID tengan presupuestado. ¿Por qué limitarse a ese presupuesto? Peor aún, ¿qué pasa si no hay presupuesto para lo que tú vendes?

Soy un estratega de gestión de ventas. Por lo tanto, ninguna empresa tiene un presupuesto para mí. Sin embargo, si trabajas con un ID que esté en un nivel lo suficientemente alto en la organización y le demuestras suficiente valor significativo en lo que vendes, la fijación de precios deja de ser un problema. Desde mi experiencia, los gerentes de nivel medio están limitados por los presupuestos. Los ejecutivos de alto nivel ganan dinero cuando encuentran una solución que proporciona un valor significativo. Por consiguiente, invierte tu tiempo con aquellos que pueden innovar aún por encima de sus presupuestos, no con quienes están limitados por ellos.

Invierte tu tiempo en aquellos que pueden innovar aún por encima de sus presupuestos, no con quienes están limitados por ellos.

A veces, el problema de los precios surge porque el ID ha visto el mismo producto o uno similar a un precio más bajo. Cuando trabajé en la industria de investigación de antecedentes laborales, los IDs tenían una base de búsqueda de datos que valía $9.95 y solían compararla con una base de búsqueda criminal, proveniente de los juzgados. La comparación de las dos bases era como comparar manzanas con naranjas en términos de precios y de la solución en sí. Lo cierto era que los vendedores exitosos sabían explicar las diferencias de tal manera que llevaban a los ID a ver que necesitaban hacer una búsqueda muy exhaustiva.

La búsqueda de $9.95 era en realidad más costosa que la búsqueda exhaustiva, porque se identificaban muy pocas condenas a partir de ella. Esos clientes estaban pagando por un servicio que les producía poco o ningún beneficio en su proceso de contratación.

En síntesis, los compradores no tienen problemas con el precio. Su mayor problema es la falta de un valor significativo acorde con el precio que les presentan. Lo que es absolutamente crucial es que, ante todo, tú mismo debes creer en ese valor. Si no crees de todo corazón que lo que estás vendiendo vale ese precio, ¡busca otro trabajo! Si no crees en tus precios, te garantizo que nadie creerá en ellos.

Concepto de precio de ¡*Vende diferente!*

Busca solo aquellas cuentas y personas influyentes en la decisión de compra que percibirán un valor significativo en lo que vendas. Además, invierte tu tiempo con ID que tengan la autoridad necesaria para generar nuevos presupuestos y no que se vean limitados por ellos.

CAPÍTULO 9

EL PEOR ENEMIGO DE LOS NEGOCIOS

Avery Brandon está esperando ansiosamente en el vestíbulo su reunión con Regina Jacobs, de ABC Industries. El otro día, Avery tuvo una excelente primera conversación telefónica con ella, hecho que dio como resultado que programaran la reunión de descubrimiento de hoy. Avery está cruzando los dedos, porque no va por buen camino a lograr su meta anual de ventas. Así que, realmente, necesita concretar este negocio.

Regina entra al vestíbulo luciendo una amplia sonrisa y saluda de mano a Avery. Luego, lo conduce a su oficina y lo invita a sentarse en la silla ubicada frente a su escritorio.

Después de intercambiar un par de bromas, Avery comienza: "Regina, ¿qué fue eso que te dije por teléfono que te llevó a reunirte conmigo?".

"¿Por dónde empiezo?", responde Regina con un tono de frustración. "Estamos teniendo serios problemas con nuestro proveedor actual. Lo que le pedimos y lo que recibimos son dos cosas completamente diferentes. Fuera de eso, sus envíos nos llegan mucho después de la fecha acordada. Cuando hablamos con nuestro gerente de esa cuenta sobre estos problemas, él no responde nada convincente, ni hace nada para resolver el problema. Mi equipo está desesperado con este proveedor. De modo que, cuando me contactaste, sentí que había llegado el momento de que investigáramos qué otras opciones tenemos en el mercado".

Al escuchar sus preocupaciones, Avery trata de no salivar. Su empresa brilla cuando se trata de la precisión de los pedidos y la puntualidad de las entregas. Avery se siente orgulloso de ser un administrador de cuentas receptivo y proactivo. Con frecuencia, los clientes le envían a su gerente correos electrónicos llenos de elogios sobre la óptima calidad del servicio que él les brinda.

Sin embargo, controlando su entusiasmo, Avery comienza a explicar cómo su empresa maneja cuentas similares a la de ella. Además, hace referencia a la forma en que él maneja personalmente las cuentas de sus clientes.

Regina se recuesta en su silla y le dice: "Eres casi demasiado bueno para ser verdad. ¡Me arreglaste el día! Si decidiéramos cambiar de proveedor, ¿qué tan rápido podríamos comenzar a trabajar contigo?".

Avery siente que acaba de ganarse la lotería. Después de casi una hora de interacción con Regina, regresa a su auto y, en lugar de esperar hasta llegar a su oficina, llama a su gerente de ventas desde ahí mismo para contarle la gran noticia.

"Acabo de tener una increíble reunión de descubrimiento con Regina Jacobs, de ABC Industries, y me dijo que tiene numerosos y serios problemas con su proveedor actual y resulta que esos problemas son nuestras fortalezas. Regina me preguntó qué tan rápido podríamos transferir su cuenta a nuestra empresa. ¡Este es un trato hecho!".

Durante las próximas semanas, Avery intenta comunicarse con Regina para continuar con la conversación y avanzar en el proceso. Sin embargo, ella no le responde sus correos electrónicos, ni sus mensajes de voz, lo cual sorprende a Avery, dado el buen tono de su encuentro inicial.

Por fin, el viernes por la mañana, Avery recibe este correo electrónico de Regina:

Avery,

Discúlpame por mi lentitud para responderte. Te agradezco que te hubieras reunido conmigo. Sin embargo, después de pensarlo mucho, hemos decidido no hacer ningún cambio por ahora.

Saludos,

Regina

El corazón de Avery comenzó a latir más rápido. Este negocio significaba el cumplimiento de su meta anual de ventas y ahora ya no lo haría. Avery no entendía dónde se había equivocado y ahora temía tener que contarle a su gerente de ventas esta terrible noticia.

¿Cuál fue el error de Avery?

El miedo paralizante del influyente en la toma de decisiones de compra (ID)

Existe un factor decisivo latente en cada venta. No importa si eres un vendedor de empresa a empresa, de empresa a consumidor o de empresa a gobierno. Este riesgo existe en cada trato. Algunos influyentes en la toma de la decisión de compra te hablarán de él. Otros, como Regina, guardarán silencio al respecto, pero sus acciones comunicarán que hay un riesgo silencioso que acabará con muchos tratos: *el miedo al cambio.*

Los ID experimentan un momento de pausa cada vez que piensan en la posibilidad de hacer un cambio en el proceso o quieren cambiar de proveedor. Sus mentes se aceleran al pensar en esta situación:

> **"Si bien no estoy contento con mi proveedor actual, las cosas bien podrían llegar a ser peores con uno nuevo. Si tomo la decisión de cambiarlo y la situación empeora, mi carrera en esta empresa estaría en peligro".**

Este miedo es tan fuerte que causa parálisis en el comprador. Aunque él sabe que su situación actual es terrible, tiene miedo de tomar las medidas necesarias para mejorarla. En casos como este, aplica muy bien el viejo proverbio de que *es mejor el diablo que ya conoces que el diablo por conocer*. Pareciera ser esto lo que deja en modo pausa a los ID.

También hay un viejo chiste de ventas relacionado con este tema. Cuentan que un hombre estaba en su lecho de muerte y justo antes de fallecer, el diablo vino a verlo.

El diablo le dice: "Habrás escuchado algunas cosas terribles sobre el infierno, pero te aseguro que no son ciertas. Haz un pequeño viaje conmigo allá y compruébalo por ti mismo".

El hombre acepta la propuesta y visita el Infierno con el diablo. El diablo tenía razón. El clima era hermoso y la comida estaba deliciosa.

El hombre le dice al diablo: "Este lugar es asombroso. Cuando muera, vendré aquí".

Al día siguiente, el hombre fallece y se va al infierno. Sin embargo, donde llegó esta vez no se parece en nada al lugar donde había estado el día anterior. El clima era horrible, la comida estaba de muy mal sabor. Frustrado, el hombre comienza a buscar al diablo para preguntarle qué pasó.

"No entiendo", le dice al diablo. "Ayer, el clima era perfecto y la comida estuvo increíble. Hoy, ambos son horribles. ¿Qué sucedió?".

El diablo sonríe y le dice: "Ayer, eras un prospecto".

Este chiste ilustra el *miedo al cambio* por parte del comprador. La profesión de las ventas ha ganado mala fama, debido a vendedores de bajo calibre que les mienten a sus ID con tal de pretender que sus productos y servicios incluso superan las expectativas que ellos tienen como compradores. Es por eso que la mayoría de los ID temen ser engañados por vendedores inescrupulosos. Si bien lo que escuchan es convincente, su temor les impide cerrar el trato, porque entienden que, como el hombre en su lecho de muerte, todavía no son un cliente, sino un prospecto.

> La profesión de las ventas ha ganado mala fama, debido a vendedores de bajo calibre que les mienten a sus ID con tal de pretender que sus productos y servicios incluso superan las expectativas que ellos tienen como compradores.

En 2019, Gartner realizó un estudio sobre el número de personas involucradas en la toma de decisiones de compra corporativas. Se descubrió que un promedio de 6,8 personas están involucradas en esas decisiones. Apenas dos años antes, en otro estudio de Gartner, solo 5,4 personas estaban involucradas en el proceso de la toma de las decisiones de compra. Si bien Gartner no dice ni infiere esto, yo creo que una de las principales razones del aumento en el número de personas involucradas en el proceso de toma de decisiones es *el miedo al cambio*. Nadie quiere ser el que se queda "sosteniendo la bolsa vacía" si algo sale mal. De modo que, cuanta más gente participe en la toma de decisiones, la culpa se podrá repartir entra más personas, junto con el riesgo que haya que asumir.

Hay una manera de vencer *el miedo al cambio* y brindarles confianza a los ID a tal punto que ellos se desempeñen como esperan sus empresas que ellos lo hagan. En otras palabras, esta es una oportunidad para implementar la estrategia de *¡Vende diferente!* para incorporar nuevos clientes.

Definición de incorporación de clientes

La clave para resolver *el miedo al cambio* que experimentan los ID es definir el proceso de implementación de tu empresa. Puedes llamarlo "implementación", "transición" o "incorporación de clientes". Independientemente de cómo te refieras a ella, esta es la fase que comienza cuando el ID dice: "¡Sí! Queremos cambiar y comenzar a trabajar contigo" y finaliza cuando las cosas funcionan completamente bien entre tu cliente y tu empresa. Este es el proceso por el cual un cliente pasa de su complicada situación actual a trabajar a gusto con tu empresa. No hay duda de que un proceso de venta bien implementado les da la confianza suficiente a los ID de que en realidad tú cuentas con un plan estructurado para guiar la transición. Esto resuelve las preocupaciones del *miedo al cambio* que ellos experimentan con respecto al riesgo, al tiempo de implementación y a la adecuada solución del problema. Como explicaré más adelante en este capítulo, este es un proceso que se debe convertir en un producto para los vendedores.

¡Vaya! Usé la palabra "proceso", lo cual implica que todas las empresas tienen este tipo de plan. Algunas empresas lo implementan, pero, lamentablemente, muchas no. De las empresas que tienen un proceso para hacer esta transición, pocas han definido la incorporación de clientes de tal manera que se la puedan describir a sus ID. Sin embargo, a menos que recién hayas abierto tu negocio, tu empresa necesita tener un método para hacer la transición de los clientes de tal modo que ellos comiencen a comprar y recibir lo que tú vendes.

Si tu empresa no ha preparado su proceso de incorporación de clientes, eso es lo primero que debes hacer. Piensa en la incorporación de clientes como un proyecto. Necesitarás un plan para incorporar nuevos clientes. Si bien habrá matices de un cliente a otro, tú deberás estar en la capacidad de captar el perfil general de tu clientela.

A continuación, encontrarás mi proceso de 13 pasos para desarrollar la estrategia que te propongo en *¡Vende diferente!* para hacer efectiva la incorporación de clientes:

Paso 1. Expectativas

Imagina que un nuevo cliente se ha incorporado por completo a tu empresa. ¿Qué esperas que tu cliente *SEPA*, sea capaz de *HACER* y pueda *UTILIZAR*?

SABER se refiere a que tu cliente tenga acceso a toda la información que él necesita con respecto a cómo funcionan tus productos y servicios, y cómo contactar a tu departamento de servicio al cliente.

HACER tiene que ver con el hecho de que tu cliente sepa cómo actuar en el momento de realizar un pedido o de programar un servicio.

UTILIZAR se refiere a que tu cliente tenga acceso a los sistemas de tu empresa y sepa cómo usarlos, por ejemplo, tu sitio web o tu sistema de gestión de pedidos.

Tu lista *SABER-HACER-UTILIZAR* impulsará el resto del proceso.

Paso 2. Proceso

En función de las expectativas del cliente identificadas en el Paso 1, ahora define el proceso de incorporación del cliente. Para lograr cada una de las expectativas de incorporación de clientes, haz una lista de lo que debe suceder, por parte de quién y cuándo. Identifica las áreas de la lista que se puedan personalizar para cada nuevo cliente. El proceso debe ser firme, pero lo suficientemente flexible para que pueda adaptarse a cada cliente. Por ejemplo, si tu empresa tiene un portal de clientes, alguien en la empresa del cliente necesitará acceso y tal vez un poco de ayuda con la navegación antes de realizar su primer pedido.

Paso 3. Plan

Para acelerar el proceso y que este sea sencillo para los nuevos clientes, haz una lista de todo lo que el cliente necesita preparar antes de la transición. Los ejemplos incluyen reunir una lista de usuarios del sitio web, organizar su documentación y preparar los datos históricos que tú necesitarás de su empresa.

Paso 4. Colaboración

Determina qué departamentos e individuos de tu equipo estarán involucrados en la incorporación de clientes y el papel que desempeñará cada uno de ellos. Alguien deberá hacer la función de comunicador principal, guiando al cliente a través del proceso de incorporación. Tener un único punto de contacto contribuye a garantizar una comunicación saludable entre las dos organizaciones.

Paso 5. Configuración

Identifica cuáles son los requisitos de configuración de cuenta detrás de escena que son necesarios para tus sistemas administrativos. Estas precisiones te permitirán que tus futuros clientes comiencen a trabajar contigo de manera rápida y eficaz. Ejemplos de estos requisitos incluyen información de contacto, reglas comerciales para la cuenta y posibles normas en la realización de los pedidos.

Paso 6. Origen

Los nuevos clientes vienen a ti en medio de una variedad de circunstancias. Realiza una evaluación para identificar el punto de partida de cada uno. Algunos pueden estar cambiando de proveedor; otros estarán subcontratando por primera vez. El proceso de incorporación a tu empresa deberá adaptarse a una variedad de puntos de partida de ellos, motivo por el cual te mencioné que este tránsito debes ser tanto firme como flexible.

Paso 7. Comunicación

La comunicación con el cliente durante la incorporación es determinante tanto a nivel interno como externo. Determina cuál será la estrategia de comunicación para garantizar que el proyecto se mantenga encaminado. Lo mejor en este aspecto es diseñar un plan del proyecto tanto internamente como para el cliente. Además, asegúrate de proporcionarle actualizaciones periódicas del estado del proyecto.

Paso 8. Entrenamiento

Establece cuál es el tipo de capacitación que se requiere para los diferentes niveles de usuarios dentro de la empresa cliente y cómo les brindarás esa capacitación. Si tienes diferentes tipos de usuarios y formatos de capacitación (como presencial, en línea o aplicación), identifica cuál enfoque es el más apropiado para cada uno de ellos.

Paso 9. Duración

Identifica qué tanto se espera que dure el proceso de incorporación del cliente a partir de la firma del contrato hasta la transición completa del cliente a tu empresa. No es necesario que sea un número exacto de días o semanas. Tener un rango de tiempo es perfectamente aceptable. Sin embargo, observa cuáles son aquellas tareas que aceleran o retrasan el proceso. Por ejemplo, si el cliente no proporciona la información requerida en ciertas fechas de vencimiento, es obvio que la duración de la transición se prolongaría.

Paso 10. Línea del tiempo

Dibuja la línea de tiempo del proceso, mostrando en una gráfica los hitos que benefician al cliente. Asegúrate de plasmar allí las acciones que aceleran y alargan el proceso de incorporación. Un cliente bien informado es un cliente feliz. Si ellos saben cómo ayudarse a sí mismos, el proceso de transición es mucho más fluido.

Paso 11. Transición

Determina el papel que deberá desempeñar el vendedor durante la incorporación del cliente. En algunas empresas, existe una transferencia formal, mediante la cual el vendedor transfiere la información de la cuenta a un equipo de incorporación de clientes y se desvincula del proceso. En otras empresas, el vendedor permanece involucrado de principio a fin. La claridad sobre las responsabilidades de los roles ayuda a evitar frustraciones a nivel interno y confusión en el cliente.

Además, establece cuál es la información que el vendedor necesita obtener por parte del cliente para iniciar el proceso de incorporación. Algunas empresas tienen un formulario diseñado para anotar allí toda la información requerida; otras tienen un sistema de back-office que sirve para ejecutar esta misma función; algunas otras lo manejan de manera más informal. La clave es que los vendedores tengan claridad sobre lo que se espera de ellos para iniciar la incorporación de clientes y durante el proceso de transición.

Paso 12. Inicio

Los proyectos exitosos de incorporación de clientes comienzan con un "programa de lanzamiento" realizado en dos partes. En primer lugar, se hace una reunión interna con los representantes de los departamentos involucrados en la incorporación del nuevo cliente a la empresa. La segunda es una reunión de lanzamiento con el nuevo cliente para revisar el proceso, las fases, los plazos y demás detalles al respecto. Otro tema de discusión con el nuevo cliente es su definición de éxito. De ese modo, sabrás cómo serás evaluado durante el proceso de transición. Si sabes qué está evaluando tu nuevo cliente con respecto a tu empresa y en qué consiste esa evaluación, sabrás cómo enfocar a tu equipo de incorporación de clientes, teniendo en cuenta esos parámetros.

Paso 13. Retroalimentación

Al final del proceso de incorporación del cliente, realiza una encuesta mediante la cual puedas analizar cómo fue la experiencia de transición entre los diversos usuarios y las partes interesadas. Solicita sus comentarios, pero lo más importante es tomar las medidas necesarias con respecto a ellos. La retroalimentación negativa requiere de una llamada telefónica al cliente con el fin de investigar y resolver los posibles problemas que se presentaron durante el proceso de vinculación y para solidificar la relación comercial con él.

Solicita comentarios por parte de tu equipo interno que contribuyan a mejorar la experiencia de incorporación para el próximo cliente. Cada proceso de incorporación es una oportunidad para que tu empresa aprenda y mejore. ¡Aprovéchalo!

El resultado de este proceso de incorporación de clientes en 13 pasos es beneficioso tanto en entornos de venta B2B como B2C.

La incorporación de clientes vista como un producto a la venta

En ocasiones, me refiero a "productizar" el proceso de incorporación del cliente. Piensa en la metodología de incorporación de tu cliente como algo que se "vende" durante el proceso de compra. Dale un nombre de marca para aumentar tu credibilidad. Los vendedores no deben esperar a que un cliente pregunte sobre el proceso o mencionarlo casualmente durante el curso de la conversación. Por el contrario, este debe ser un punto de discusión importante para resolver *el miedo al cambio* que suele enfrentar el ID.

¿Qué hace que la "productización" de la incorporación de clientes sea tan importante? Cuando un ID tiene *miedo al cambio* (y todos lo tienen), el hecho de que sepas hacer un uso óptimo de la metodología que se requiere para hacer la transición a tu empresa es la clave para neutralizar ese miedo. Muestra tu experiencia y bríndales la confianza necesaria a los ID de que ellos recibirán los beneficios que les ofreciste y demuéstrales que el riesgo durante la transición será escasamente mínimo.

Productizar la incorporación de clientes significa seguir los 13 pasos y convertir el resultado del proceso en un documento orientado al cliente. Este documento debe resumir cada fase del proceso de incorporación, junto con el cronograma. Algunas fases comunes incluyen: Lanzamiento del proyecto, Configuración interna, Instalación, Entrega, Capacitación del usuario, Cuenta en vivo y Comentarios.

¿No puede el vendedor simplemente describir verbalmente el proceso? Sí, pero no será efectivo hacerlo de esa manera. Numerosos estudios han revelado que el 65% de la población está compuesta por aprendices visuales. En otras palabras, la mayoría de la gente necesita ver para entender. Si simplemente hablas sobre el enfoque que tendrá la incorporación de tu cliente, perderás tu esfuerzo dos tercios de las veces y te arriesgarás a que *el miedo al cambio* mate tu venta.

Idealmente, tu producto de incorporación de clientes debe estar plasmado en una sola página y tiene que ser muy fácil de leer para el cliente. El documento debe parecerse tanto a un plan de proyecto como a una herramienta de marketing, porque eso es exactamente lo que es. Haz de él un documento informativo y colorido. Te recomiendo incluir allí tu logotipo y la información de contacto de tu empresa.

¿Cuándo debe introducir el vendedor el tema de la incorporación de clientes? Una vez que reciba señales de compra positivas de su ID, el vendedor dirá algo como esto:

"Nuestros clientes aprecian nuestra metodología de incorporación. Esta los guía con todos los detalles necesarios a lo largo del proceso de transición. ¿Te gustaría que la revisáramos?".

Nunca dejes el documento en una carpeta, ni te conformes con pedirles a tus nuevos clientes que ellos lo lean por su cuenta. Y nunca se lo envíes por correo electrónico, ni les pidas que ellos mismos los revisen. Con suerte, tú nunca harías eso con los productos que vendes. De modo que, dado que la incorporación de clientes ahora también es un producto tuyo, maneja este producto como lo harías con cualquier otro de tus productos. Guía a tus ID a lo largo de las fases del proceso y pídeles que te hagan todas las preguntas que tengan, mientras y después que les explicas este documento.

Para aprovechar la estrategia de incorporación de clientes que te propongo en *¡Vende diferente!* y que puedas ser más eficiente, maniobrar mejor y vender más que la competencia, debes hacer algo que la competencia no hace y que a tus ID les parecerá significativo y de gran valor. Ayúdales a ganar confianza en ti y en tu empresa al convertir en un producto la experiencia de incorporación del cliente. Esto les da la confianza que ellos necesitan para decidirse a aprovechar los maravillosos beneficios que les ofrece tu empresa. Las empresas que no tienen programas bien definidos de incorporación de clientes dan la apariencia de ser pequeñas y poco profesionales, lo que permite que *el miedo al cambio* triunfe.

El enfoque de la línea de tiempo inversa

Esta estrategia te proporciona las herramientas necesarias para motivar a tus ID a la acción, utilizando un enfoque de línea de tiempo inversa. Entonces, una vez que tus ID te proporcionen una fecha concreta en la cual ellos quieren estar en funcionamiento, muéstrales cuáles son los pasos necesarios para cumplir con ese plazo.

> Es posible que los ID no sepan todo lo que es necesario hacer para que la fecha de su meta se convierta en realidad.

Es posible que los ID no sepan todo lo que es necesario hacer para que la fecha de su meta se convierta en realidad. Gracias a que ahora tienes una estrategia de incorporación de clientes, dada por *¡Vender diferente!*, ya puedes ayudarles a desarrollar un plan. Pero ten cuidado: los ID podrían sufrir del "Síndrome del Espejo Lateral", mediante el cual los objetos parecen estar cerca o más lejos de lo que realmente están. ¿Conocen ellos cuáles son todas esas tareas que deberán realizar en poco tiempo? Piensa en la posibilidad de conducir con ellos un diálogo como este:

Tú: ¿Cuándo te gustaría que esta solución esté en funcionamiento?

ID: A partir del 1 de febrero.

Tú: ¿Por qué elegiste el 1 de febrero? (Una de las múltiples *preguntas verticales* que necesitarás hacer en función de fijar una fecha).

ID: Bueno, porque esta fecha nos permite iniciar el programa el mismo día en que comienza nuestro año fiscal, lo que facilita el manejo que suele darle nuestro departamento de contabilidad a los asuntos contables de nuestra empresa.

Tú: ¿Sería útil repasar los pasos que debemos seguir para comenzar la implementación el 1 de febrero?

ID: Eso sería muy útil.

Tú: Entonces, una vez que tú y tu equipo determinen que nosotros somos la solución adecuada para tu empresa, nuestro próximo paso es finalizar el trato con tu departamento de contabilidad. ¿Cuánto tiempo crees que tomará hacer esto?

ID: Unas cuatro semanas.

Tú: Ya que hoy es 1 de noviembre y necesitamos darle cuatro semanas a contabilidad para finalizar el acuerdo, eso nos lleva al 1 de diciembre. El próximo paso sería tener una reunión inicial con nuestros respectivos equipos. Eso significa que la estaríamos haciendo hacia el 1 de diciembre.

ID: Esa fecha estaría muy bien para mí.

Tú: Normalmente, los equipos tardan unas cuatro semanas en intercambiar información y en tener los sistemas correctamente configurados. Esto nos lleva al 8 de enero, dados los feriados y las vacaciones.

ID: Correcto…

Tú: El próximo paso es capacitar a tu equipo en el uso del sistema y eso suele tomar unas dos semanas en completarse. Eso nos lleva a finales de enero, lo que significa que tenemos alrededor de una semana para que determines si nosotros somos la solución adecuada para ti. Después de todo, ninguno de nosotros quiere acelerar la transición y arriesgarse a cometer errores. Dado este cronograma, ¿cómo te gustaría proceder?

Además de guiarlos a lo largo de la línea de tiempo en que se realizaría el negocio, ofréceles a tus ID enviarles un correo electrónico en caso de que ellos necesiten compartirla con otros miembros de sus equipos. Este diálogo les ayudará a tus ID a comprender los pasos y el tiempo asociados con la transición.

También les ayudará a reconocer que la línea de tiempo para tomar la decisión de cambio es más corta de lo que ellos piensan.

Si la empresa de Avery hubiera implementado el proceso de la incorporación de clientes y hubiera guiado a Regina a través de él, presentándole también un cronograma, la habría ayudado a resolver su *miedo al cambio*.

Concepto de incorporación de clientes de *¡Vende diferente!*

La incorporación de clientes es el programa de empalme suficientemente documentado, que conecta las circunstancias del ID con tu solución, neutralizando su *miedo al cambio*.

CAPÍTULO 10

PROGRAMAS PILOTO, IMPLEMENTACIÓN DE PRUEBAS Y GENERACIÓN DE CONFIANZA...

(O DE LA FALTA DE ELLA)

En el Capítulo 9, introduje la estrategia de incorporación de clientes de *¡Vende diferente!* para neutralizar *el miedo al cambio* que suele experimentar el ID. Sin embargo, existe un peligro relacionado con las ventas que también debemos tener en cuenta.

Después de seguir metódicamente el proceso, tú le presentas al ID tu programa de incorporación de clientes, junto con la solución que le propones. El ID te responde diciendo: "Esto se ve genial. Esto es lo que queremos hacer. Queremos probar tu solución de forma gratuita durante 30 días. Si vemos que va bien y funciona, hablaremos sobre el plan a seguir para continuar con el proceso de adquisición".

¿Es este el momento adecuado para hacer la "danza de la felicidad" o estás viendo luces de advertencia titilando ante tus ojos? Por un lado, ya has dado un paso más para hacer el negocio al precio que deseas. Por otro lado, necesitas una estrategia efectiva para que eso suceda.

Confianza

¿Por qué los ID solicitan realizar programas piloto antes de comprometerse por completo con la compra? Anteriormente, describí en qué se fundamenta *el miedo al cambio* del ID y expliqué cómo un proceso productivo de incorporación de clientes aborda esa preocupación. Hay otro momento en que el miedo asoma su fea cara: cuando el ID solicita un programa piloto o de prueba. Los ID ven esos programas como formas de minimizar su riesgo al "sumergir solo un dedo del pie en el agua" antes de saltar con ambos pies. Algunos ID piensan que los programas piloto establecen una "prueba de concepto" con respecto a la solución propuesta.

Aquí, hay algo relacionado con *el miedo al cambio*, que tiene que ver con la confianza. Las solicitudes de programas piloto suelen revelar las preocupaciones de los ID relacionadas con su falta de confianza. Si la falta de confianza no fuera un problema, el contrato estaría firmado, la incorporación de ellos como clientes estaría en marcha y tú tendrías un cheque en tus manos. Agradezcámosles esta desconfianza a los vendedores inescrupulosos por ser ellos los generadores de este problema en los compradores, ya que, históricamente, ellos les han prometido en exceso y no han cumplido al vender sus soluciones.

Es posible que el problema de la desconfianza de tu ID no resida en ti, ni en tu forma de vender. Puede que el ID no confíe en su propia gente para implementar y usar correctamente tu solución. "Si mi gente no usa tu sistema de la forma en que tú describiste, no recibiremos el retorno de la inversión que tú planteas".

Los ID solicitan la implementación de programas piloto por una variedad de razones. Conocer esos motivos es imprescindible para ti antes de aceptar dar ese paso. Pero no adivines las razones; nunca asumas que sabes por qué el ID quiere un programa piloto. Mejor, pídele que te exponga sus razones para ello.

Una razón común (rara vez manifestada por un ID) es su riesgo personal. Si la solución que él propone falla por cualquier motivo, su carrera en la empresa podría estar en peligro. Pocos comparten esa preocupación contigo, pero debes saber que esta siempre permanece latente en su mente cuando ellos toman una decisión. Así que sé sensible a ese punto.

Imagina que una empresa está a punto de seleccionar un sistema de seguimiento de candidatos para gestionar su proceso de contratación. Después de una enorme cantidad de búsquedas y trámites, el equipo siente que ha encontrado la solución tecnológica adecuada. Sin embargo, reflexiona sobre las posibilidades que habría de que las cosas salieran mal. ¿Qué pasa si la tecnología falla? ¿Qué pasa si los reclutadores no usan el sistema como está previsto? ¿Todo el proceso de contratación se detendría bruscamente? ¿Quién recibiría el golpe si eso sucede? Es por todo esto que la posibilidad de "probar antes de comprar" les proporciona a los ID un sentimiento de seguridad.

La conclusión es que los vendedores deben conocer el motivo de la prueba antes de acceder a realizarla.

Cuando conoces los motivos de un ID, tienes la opción de decidir si aceptas o no implementar un programa piloto. No hay ninguna ley que te exija aceptar su solicitud de que le brindes un programa piloto. Algunos vendedores olvidan este punto. Creen que, si el ID quiere un programa piloto, entonces, ellos deben concedérselo. Yo no estoy de acuerdo con esa filosofía. Tú tienes la opción de rechazarlo, y debes rechazarlo, si los motivos de la solicitud de ese programa piloto o si el enfoque que él desea darle al negocio no son herramientas que contribuyen a avanzar en la realización de la venta.

La única razón para aceptar la implementación de un programa piloto o para sugerir su implementación es que este contribuya a avanzar en el cierre del trato.

También puede haber ocasiones en las que introduzcas el concepto de un programa piloto como una estrategia para resolver el escepticismo del ID sobre la solución que le planteas.

Quizás, esta sea una manera efectiva de introducir tu solución en una organización y desplazar así a un competidor. Una vez más, la única razón para aceptar la implementación de un programa piloto o para sugerir su implementación es que este contribuya a avanzar en el cierre del trato.

¿Por qué 30 días?

En el ejemplo que di al comienzo de este capítulo, el ID solicitó un lapso de 30 días. ¿Pero por qué? ¿Qué tiene de mágico un mes? ¿Por qué no 6 o 28 días? Antes de aceptar un programa de prueba necesitarás saber la respuesta a esa pregunta. ¿Qué medirá el ID? ¿Qué datos recogerá? ¿Cómo evaluará el éxito del programa? Esos tres puntos afectan la duración de un programa piloto. Un mes puede ser demasiado corto para medir lo que tu ID quiere medir o quizá podría ser un periodo demasiado largo.

También es importante tener en cuenta que tú tienes el nivel de experiencia necesario para diseñar la solución de tu ID, experiencia con la cual él no cuenta. Si vas a diseñarle un programa piloto, debes ser tú quien le recomiende la duración adecuada, según sea lo que el ID quiera evaluar. Así que no tomes la duración que él te solicite como una "ley" que tú tendrás que cumplir, sino aconséjale que seleccione la duración adecuada en función de lo que él quiere evaluar. La duración del programa amerita una conversación colaborativa, no una demanda del ID hacia ti.

"¡Libre!"

En la solicitud del programa piloto, el ID te propuso que este fuera provisto de forma gratuita. ¿Cómo llega un ID a decidir que se le debe dar una solución gratuita? A todos nos encantaría obtener algo a cambio de nada, pero rara vez lo conseguimos. Por supuesto, la respuesta típica de un ID cuando lo cuestionas al respecto es decirte que tu competidor ha accedido a realizar uno de forma gratuita. Esto me recuerda los tiempos de mi niñez en que a mi amigo Brian le permitían en su casa hacer algo que yo no estaba autorizado a hacer. Entonces, yo le decía a mi madre que a Brian sí le habían permitido hacerlo como una forma de presionarla para obtener su aprobación. Ella, simplemente, me decía: "De manera que, si Brian salta del puente de Brooklyn, ¿tú también querrías hacer lo mismo?".

Los compradores no pueden exigirte que les proporciones una solución de forma gratuita. Esa es una decisión que solo tú puedes tomar. Piensa en el programa piloto como una inversión en la relación. Tú puedes decidir qué inversión estás dispuesto a hacer en el trato para aumentar la probabilidad de ganártelo. Volviendo al punto de tu competidor, si no estás dispuesto a ofrecer el programa piloto de forma gratuita, pregúntale al ID: "¿Por qué él te daría ese programa de forma gratuita? ¿Acaso este no tiene un valor significativo para él?".

Una solución híbrida creativa a esa solicitud es ofrecerle la devolución de su dinero si tu programa piloto falla. De esa manera, ambos tendrán "carne puesta en el brasero" y trabajarán juntos para garantizar que el programa sea todo un éxito.

El compromiso de no compromiso

La *pieza de resistencia* en la respuesta del ID es lo que yo llamo el "compromiso de no compromiso". "Si el programa va bien, hablaremos sobre los planes a seguir para continuar adelante con el negocio". Esto me suena a que, después del programa, habrá otros obstáculos que deberás superar para hacer negocios a los precios que deseas.

Juntemos dos aspectos. El ID quiere un programa piloto gratuito y no está dispuesto a comprometerse basado en su éxito. Hay veces en que tiene sentido brindar una prueba gratuita durante cierto tiempo para demostrar la calidad de lo que ofreces. Sin embargo, aceptar el programa piloto solo tiene sentido si existe un compromiso firme por parte del ID con respecto a otorgarte el trato si el programa resulta exitoso.

Ah, pero ¿cómo define "exitoso" el ID? Comprender su definición de éxito y cómo él lo medirá son puntos de decisión cruciales que tú debes comprender al 100% para luego decidir si aceptas implementar o no el programa piloto. Sin esa información, tú y tu equipo no sabrán cuáles son los objetivos del ID. Además, si sus expectativas acerca del programa piloto no son realistas, es importante establecerlas con total claridad. De lo contrario, el programa fracasará y tú nunca obtendrás el negocio.

Claves para el éxito

Dicho todo esto, supongamos que decidiste que los programas piloto son una parte fundamental de tu nuevo proceso de adquisición de clientes, ya que te ayudan a avanzar en los acuerdos hasta la línea de meta. En ese caso, te recomiendo los 12 pasos de mi estrategia de *¡Vende diferente!* para implementar programas piloto:

1. Determina si el ID está realizando este programa piloto exclusivamente contigo o si también está realizando un programa paralelo con tus competidores. Si el ID está trabajando con tus competidores, debes decidir si llevar a cabo el programa te ayudará a hacer el negocio o te perjudica. Con otros proveedores presentes, determina si realizar tu programa piloto *ahora* te ayudará realmente a avanzar en el trato.

2. Comprende 100% el propósito del ID, así como la intención que él tiene al solicitarte el programa piloto. ¿Qué espera lograr? ¿Qué pretende evaluar? Sus objetivos deben ser muy claros para ti.

3. Teniendo en cuenta lo que el ID quiere lograr, identifica las métricas que él utilizará para medir el éxito del programa y cómo capturará esos datos. Las métricas se basan en datos específicos. Ten cuidado con las situaciones en las que las opiniones de los participantes en el programa son la única medida de éxito. Por tu parte, tu objetivo

debe ser tener las métricas exactas que se utilizarán para evaluar el desempeño de tu programa piloto.

4. Establece la duración adecuada del programa piloto en función de cómo el ID medirá su éxito. Tú deberás ser quien determine la duración adecuada del programa, ya que tienes mayor experiencia que el ID en la solución que le brindas.

5. Estructura el programa piloto de tal manera que les permita brillar tanto a ti como a tu empresa. Esto incluye ayudarle al ID a seleccionar a los participantes adecuados para el programa.

6. Usa tu programa de incorporación de clientes para facilitar la implementación del programa piloto. Así, te aseguras de que este proceso sea impecable y genere una magnífica primera impresión frente al ID y sus colegas.

7. Si el programa piloto incluye el uso de un producto o de tecnología, asegúrate de que los usuarios estén adecuadamente capacitados al respecto. Los usuarios frustrados son asesinos de programas piloto y también de negocios.

8. Antes de que comience el programa piloto, establece una reunión intermedia y posterior a su implementación, tanto con el ID como con las otras partes interesadas que sean clave en el proceso. El propósito de esas reuniones será revisar el desempeño del programa. No esperes a que este esté en marcha para intentar establecer esas reuniones. Prográmalas por adelantado.

9. Antes de que comience el programa piloto, desarrolla los próximos pasos concretos con el cliente. Si el programa tiene éxito, ¿qué se compromete a hacer el cliente como

próximo paso? La respuesta adecuada sería, por ejemplo, un avance financiero o algo parecido. Esto es especialmente importante si haces algún tipo de concesión de precios o estás asumiendo costos significativos para implementar el programa piloto.

10. Durante el uso del programa piloto, usa tu mentor para obtener información interna e informal, así como comentarios que de otro modo no sabrías. Tu mentor puede ayudarte a abordar situaciones si surgen inquietudes durante el programa piloto.

11. Prepara a tu empresa para el programa piloto. Asegúrate de que todos los departamentos y el personal clave lo conozcan, junto con sus métricas de éxito y su duración. Si bien es solo un programa piloto, tu equipo debe tratar a los ID de la misma manera que tratan a los clientes 100% integrados a tu empresa.

12. Como el vendedor es quien puede ganar o perder el trato en función de su desempeño, él debe estar a cargo del éxito del programa piloto. ¡Supervisa las métricas del programa, realiza reuniones internas y asegúrate de que tu ID se sienta satisfecho en cada paso del camino!

Recuerda, el único propósito de realizar programas piloto es que te ayuden a avanzar en tus ventas y a hacerlas a los precios que deseas. Si observas que te permiten lograr estos dos objetivos, incorpora en tu repertorio de ventas la estrategia para implementar programas piloto de *¡Vende diferente!* y depura continuamente el proceso.

Los programas piloto son experiencias de aprendizaje para tu empresa. Después de cada uno, lleva a cabo una reunión informativa con tu equipo interno e identifiquen formas de mejorar la experiencia para aplicarla a futuros programas piloto.

Además, mide tus tasas de conversión de programas piloto a cierres de negocios a los precios que deseas. Esos datos te servirán para validar (o no) el uso de programas piloto en tu proceso de adquisición de clientes.

Los programas piloto son experiencias de aprendizaje para tu empresa.

Tu manejo de un programa piloto también puede diferenciarte de la competencia. Los 12 pasos del programa piloto de *¡Vende diferente!* te brindan las herramientas necesarias para crear la experiencia que desean tus ID cuando quieren "probar antes de comprar" y te llevan a hacer negocios a los precios que deseas.

Concepto de programa piloto de *¡Vende diferente!*

Los programas piloto bien estructurados contribuyen a resolver los problemas de desconfianza de los ID y les dan confianza en la capacidad de desempeño de tu empresa.

CAPÍTULO 11

MÁS DEL 99,999% DE LOS VENDEDORES NO HACE ESTO, PERO DEBERÍA

Ben, un ejecutivo de cuentas de XYZ, Inc., se reunió con Eric, el vicepresidente de operaciones de ABC Manufacturing. Fue la mejor reunión de descubrimiento que Ben jamás podría haber imaginado. Identificó los desafíos que Eric estaba teniendo con su proveedor actual, los cuales representaban un enorme problema para él, así que Eric estaba ansioso por resolverlos. Ben sabía muy bien que ofrecer magníficas soluciones era un aspecto en el que su empresa sobresalía, de modo que, durante la reunión, Ben posicionó de manera efectiva los diferenciadores de su empresa y Eric "¡le creyó el cuento!". La reunión duró una hora, pero a Ben le pareció que solo fueron unos minutos. ¡El tiempo pasó volando! Como resultado de la reunión, tanto Ben como Eric tenían tareas por desarrollar. El trato se veía bien, de modo que Ben estaba seguro de que agregaría este negocio a la columna de sus victorias.

Mientras Ben conducía de regreso a su oficina, la reunión se reprodujo en su cabeza como si fuera su película favorita. Recordó vívidamente cada palabra que dijo Eric, cada detalle que se compartió allí y las reacciones de Eric ante lo que le ofrecía su compañía.

El gran paso en falso de las ventas

Ben asumió que Eric recordaba su encuentro tan vívidamente como él. Ese es un error que cometen muchos vendedores. No se le ocurrió que, ese día en que se reunieron, Eric tenía otras siete reuniones. Además, recibió unos 200 correos electrónicos y 14 mensajes de voz. De modo que cada uno de esos mensajes se fueron apilando encima de su reunión con Ben, convirtiéndola en un recuerdo distante para él.

Muchos vendedores son egocéntricos cuando reflexionan sobre las reuniones que han realizado con ID. Si bien hacer tratos es tan importante para los vendedores, olvidan que lo que ellos hacen representa una fracción de las responsabilidades generales de un ID. Además, los ID reciben tanta información que les resulta difícil recordarla toda.

Es por estas razones que más del 99,999% de los vendedores se pierde una oportunidad crucial para implementar la estrategia de *¡Vende diferente!* que les ayudará a mantener su trato presente en la mente de sus ID.

Otra forma de ser más eficiente, maniobrar y vender más que la competencia

La pregunta que necesitamos hacernos es cómo mantener nuestro trato en marcha. La respuesta a esa pregunta es implementando la estrategia de *¡Vende diferente!*, basada en enviarle a cada ID el resumen de la reunión por correo electrónico. El eje central de esta estrategia es un correo electrónico enviado por el vendedor al ID, que resuma la reunión y le recuerde al ID los puntos clave discutidos en ella.

Me sorprende la mínima cantidad de vendedores que envían correos electrónicos de resumen después de una reunión inicial con un ID, sin mencionar el hecho de que también deben enviarles uno después de cada reunión. Esta estrategia del resumen vía correo electrónico de *¡Vende diferente!* es una manera creativa para diferenciarte y a la vez mantener viva la dinámica y el interés del ID en su negocio contigo. El mensaje de correo electrónico no debe, de ninguna manera, sonar "vendedor". Más bien, su función es recordarle al ID el contenido de la reunión, pero de manera concisa y clara.

El mensaje de correo electrónico no debe, de ninguna manera, sonar "vendedor".

Otra gran razón para enviar correos electrónicos del resumen de la reunión tiene que ver con el número de personas involucradas en el típico proceso de la toma de decisiones B2B. Como mencioné antes acerca de un estudio de Gartner que reveló que un promedio de 6.8 personas están involucradas en el proceso actual de la toma de decisiones B2B. En esta ocasión, Ben se reunió con solo uno de los ID. Esa es una vulnerabilidad, pero también es una oportunidad, ya que, si solo se reunió con un ID, bien podría usar el correo electrónico del resumen para involucrar a los otros ID. Ese es un punto extremadamente importante. Escribe el correo electrónico de tal manera que el ID pueda reenviárselo a otros posibles involucrados en la toma de decisiones.

Implementación de la estrategia de correo electrónico del resumen de cada reunión

Cuando utilices la estrategia de *¡Venda diferente!* para enviar el correo electrónico del resumen de cada reunión, la primera clave del éxito que obtendrás es el momento en que envías tu correo. Envíalo el mismo día de la reunión o a primera hora de la mañana siguiente. Recuerda, el ID recibe tanta información de diversa índole que este correo electrónico mantiene el trato que está haciendo contigo en el primer plano de su mente.

El correo electrónico debe tener cinco secciones, usando un formato de viñetas, como se muestra a continuación:

Tus objetivos: haz una lista de los desafíos que el ID compartió contigo durante la reunión, así como de los objetivos que ellos tienen como empresa y las razones por las que necesitan comenzar a trabajar para alcanzarlos. Resalta quién se ve afectado por esos problemas y las acciones que se han tomado para abordarlos. Casi puedes ver a los ID presentes asintiendo mientras leen lo que les dices en tu correo electrónico. Además, nunca hables mal de la competencia, sobre todo, por escrito, sino muéstrale empatía al ID con respecto a sus frustraciones actuales.

Siempre que sea posible, usa las mismas palabras que usó el ID en la reunión. Esto personaliza tu mensaje y lo hace más impactante. La siguiente sección del correo electrónico te brinda una gran oportunidad para demostrarle al ID que estuviste escuchando atentamente cada una de sus palabras durante la reunión.

Cómo podemos ayudarte: en esta parte, destaca los diferenciadores que más le llamaron la atención a tu ID durante la reunión. Con cada diferenciador, responde la siguiente pregunta: ¿Por qué debería importarle esto a este ID? En otras palabras, necesitas darle contexto y significado a cada diferenciador. En esta sección del correo, sin usar frases de marketing, también debes responder a la pregunta de por qué tu empresa es la adecuada para su cuenta.

Como te darás cuenta, estas dos primeras secciones requieren de la realización de un proceso de descubrimiento exhaustivo. Como te comenté en el Capítulo 7, durante la fase de descubrimiento, es fundamental transformar las emociones del ID en las que él desea y hacer preguntas tanto *horizontales* como *verticales*. Sin embargo, sin que se las hagas de manera directa, estas secciones del correo electrónico son casi imposibles de escribir.

1. **Mi lista de tareas pendientes.** Enumera los elementos de acción que te comprometiste a completar, junto con las fechas de vencimiento correspondientes.

2. **Tu lista de tareas pendientes.** Enumera los elementos de acción que el ID se comprometió a completar, junto con las fechas de vencimiento correspondientes.

3. **Próximos pasos.** Esta sección aborda la próxima interacción que tendrás con el ID y quién se espera que participe.

Los errores que cometas en tu correo electrónico pueden apagar el interés del ID en lugar de entusiasmarlo para que quiera trabajar contigo. Por lo tanto, antes de presionar "enviar", verifica lo siguiente:

1. Formato: espaciado entre líneas y párrafos.

2. Ortografía: especialmente, el nombre del ID.

3. Gramática: verifica el uso inconsistente de los tiempos verbales, la concordancia entre el sujeto y el verbo, además de la puntuación.

4. Acrónimos de la industria: escribe las expresiones completas la primera vez que te refieras a un acrónimo. Esto, en caso de que el ID no recuerde lo que significa.

5. Jerga: evita usar estas expresiones, ya que podrían hacer que tanto tú como tu empresa luzcan poco profesionales.

Ejemplo de un correo electrónico de resumen

Esta es una muestra de un correo electrónico de resumen, basada en la reunión de Ben con Eric:

Eric:

Buenas tardes

Gracias por tomarte el tiempo para reunirte conmigo hoy. Te agradezco que compartas conmigo los objetivos que tienes para tu departamento de operaciones. Lamento que estés teniendo estos retos y confío en que podamos resolverlos lo más pronto posible. Este correo electrónico tiene como fin resumir la conversación que tuvimos.

Tus objetivos

1. Cada una de tus ubicaciones necesita operar a un mínimo de 92,8% de eficiencia para alcanzar los niveles de rentabilidad deseados.

2. Los sistemas actuales están operando con una eficiencia del 78,4%, lo que ha causado un gran impacto en la rentabilidad de la división.

3. A pesar de numerosas solicitudes, el proveedor actual no ha resuelto los problemas de rendimiento.

4. El objetivo es resolverlos dentro de los siguientes 90 días y comenzar a lograr las cifras de rentabilidad deseadas.

Cómo podemos ayudar

1. Durante más de 30 años, nuestra empresa les ha ayudado a los fabricantes a mejorar la rentabilidad a través de nuestro sistema NPX.

2. Se ha comprobado que nuestro sistema NPX brinda el 94,2% de eficiencia, lo cual ayuda a impulsar la rentabilidad para nuestros clientes.

3. Capacitamos y certificamos a los operadores en el uso adecuado de la tecnología, ya que esto es fundamental para recibir los resultados deseados.

4. El sistema NPX se integra completamente con tu sistema financiero para alimentar los datos necesarios para efectuar análisis de costos y rendimiento.

5. Nuestro programa de incorporación de clientes guía paso a paso y durante un período de 30 días la transición de tu sistema actual al sistema NPX. Cuando nos volvamos a encontrar, te explicaré en detalle nuestro programa de incorporación de clientes.

Mi lista de tareas pendientes

1. Reunir nuestra lista de especificaciones para el dispositivo que discutimos y enviártelas por correo electrónico antes del 1 de septiembre.

2. Enviarte tres dispositivos de muestra para su revisión antes del 29 de agosto.

Tu lista de tareas por hacer

1. Enviarme por correo electrónico una lista de las ubicaciones de tus puntos de operación antes del 28 de agosto.

2. Solicitarle a tu CFO el costo de operaciones actual para el equipo, de modo que podamos revisarlo en nuestra próxima reunión.

3. Invitar a Shayna Austin y Ethan Judge a nuestra próxima reunión.

Próximos pasos

1. Nos reuniremos en tu oficina, incluidos Shayna y Ethan, el viernes 10 de septiembre a las 2:00 p.m., con el fin de revisar nuestras respectivas listas de acciones a seguir. Joseph Rivera, director del programa de incorporación de clientes, se unirá a nosotros para revisar el procedimiento a seguir con ustedes.

2. También haremos una lluvia de ideas sobre posibles soluciones, junto contigo y con tu equipo.

Creo que esto cubre todo lo discutido durante nuestra reunión. Por favor, avísame si me hace falta mencionar algo más. Espero verlos a ustedes, así como a Shayna y a Ethan el 10 de septiembre.

Saludos,

Ben

Resultados que puedes obtener de esta estrategia

"¡Guau! ¿Me estás diciendo que haga esto después de cada reunión? Eso es mucho trabajo. ¿Quién tiene tiempo para hacer todo eso?". Estoy seguro de que eso es lo que estarás pensando después de leer el ejemplo del correo electrónico de resumen. Sí, hay trabajo involucrado al implementar esta estrategia. No me disculpo por eso. Si ves esta estrategia a través de la lente del trabajo tedioso, nunca la implementarás. Sin embargo, si la ves a través de la lente de una inversión en tus negocios que te ayuda a ¡*Vender diferente!*, te aseguro que enviarás uno de estos correos electrónicos después de cada reunión de descubrimiento.

> Si ves esta estrategia a través de la lente del trabajo tedioso, nunca la implementarás.

Si te comprometes con esta estrategia, experimentarás varios beneficios que te ayudarán a hacer más negocios a los precios que deseas. Por ejemplo:

1. Los ID quieren trabajar con vendedores que los hagan sentir especiales, que muestren un interés genuino en su cuenta. Nadie quiere sentirse como si fuera "la llamada de ventas del día". Este correo electrónico demuestra un interés genuino. ¿No crees que tu ID sabe que te tomaste el tiempo necesario para redactar este correo electrónico? Te apuesto que sí lo sabe. Tu inversión de tiempo en su cuenta será importante para él. Dado que la mayoría de los vendedores no envía correos electrónicos de resumen, tus ID se sentirán sorprendidos por tu nivel de profesionalismo.

2. Es posible que te encuentres frente a una situación competitiva, ya que los ID buscan múltiples opciones para sus cuentas. De modo que piensa en esto: tú les enviaste este correo electrónico de resumen y los otros vendedores no lo hicieron (a menos que lean este libro).

3. Las pequeñas cosas importan en las ventas. Piensa en las ventas que hiciste y en las que perdiste. Cuando las hiciste, quitaste del paso a la competencia. Cuando las perdiste, te sacaron del paso. Por esa razón, con una competencia feroz, los diferenciadores pueden ser sutiles y, en algunos casos, difíciles de posicionar. La forma en que buscas una cuenta establece una expectativa en el ID de cómo la manejarás si te la da. El correo electrónico de resumen es una forma creativa de destacarte entre los demás vendedores que buscan conseguir este mismo cliente que tú.

4. A menudo, los ciclos de ventas se prolongan, porque los ID no recuerdan la reunión tan bien como los vendedores. Es por eso que el correo electrónico de resumen es tan útil, pues les recuerda sus desafíos/objetivos, por qué están

interesados en trabajar contigo, qué se comprometieron a hacer ellos y qué te comprometiste a hacer tú . Esta estrategia ayuda a evitar la "trampa de la memoria del ID" en la que caen tantas transacciones. Como verás, un buen correo mantiene tu acuerdo en movimiento hacia el cierre del trato.

¿Vale la pena el esfuerzo de sentarte a escribir y enviar el correo electrónico de resumen? Solo si quieres diferenciarte y hacer negocios a los precios que quieres. Te aseguro que tus ID apreciarán tus correos electrónicos, los responderán y te ayudarán a destacarte entre la competencia.

Concepto del correo electrónico de resumen de *¡Vende diferente!*

Los correos electrónicos de resumen demuestran un interés genuino en una cuenta, te ayudan a destacarte de la competencia y mantienen tu negocio encaminado hacia cerrar la venta.

CAPÍTULO 12

¿ESTÁS A PUNTO DE PERDER TU CUENTA MÁS GRANDE?

Durante los últimos cinco años, un proveedor de materiales de construcción estuvo vendiéndole tornillos a una empresa nacional de construcción de viviendas. Cada vez que el constructor le pedía tornillos, el proveedor se los entregaba con total precisión y a tiempo. Si el constructor quería tornillos Phillips, el proveedor se los enviaba; si quería tornillos de cabeza plana, el proveedor también se los proporcionaba. En pocas palabras, el proveedor disponía de tornillos de todos los tipos y tamaños, lo que le permitía atender muy bien a su cliente.

El proveedor estaba orgulloso de su desempeño con respecto a esta cuenta y el constructor se sentía complacido con la óptima capacidad de respuesta y el magnífico servicio al cliente del proveedor. A lo largo de los años, este cliente creció hasta convertirse en el cliente más grande y rentable de la cartera del proveedor. Por esta razón, el vendedor que administraba la cuenta nunca tuvo que preocuparse por alcanzar su cuota anual, debido al desempeño de esta cuenta. Además, hizo una pequeña fortuna en comisiones, proveniente de los ingresos que recibía de ella.

La empresa de construcción estaba muy a gusto con la variedad del inventario y la eficiencia en el servicio del proveedor, quien también se sentía satisfecho con la cuenta, dado su alto nivel de volumen de pedidos y por la rentabilidad que le generaba hacer negocios con esta constructora. El vendedor también vivía entusiasmado, pues esta cuenta lo convirtió en el héroe de la empresa, ya que este era lo que podría llamarse un acuerdo perfecto. ¿Lo era?

Un día, todo cambió. Sin previo aviso, el constructor dejó de comprarle tornillos a este proveedor. La variedad de su inventario no había disminuido, ni tampoco su rapidez en la entrega de pedidos. El precio tampoco había cambiado. El vendedor todavía tenía una relación saludable con la constructora. Aquella parecía una relación feliz, pero el hecho era que el proveedor había perdido este cliente. ¿Qué sucedió?

En resumen, llegó la competencia y se lo llevó. A pesar del desempeño del proveedor, la cuenta desapareció de sus manos para siempre. ¿Cómo pudo haber sucedido esto, dado su magnífico desempeño?

Impulsor de productos o proveedor de soluciones estratégicas

La competencia usó la estrategia de *¡Vende diferente!* para hacer negocios a los precios que ellos querían. El nuevo vendedor no consiguió la cuenta con el enfoque de ventas anticuado de ofrecerle al constructor un centavo de rebaja en cada pedido. Además, esa estrategia probablemente no hubiera funcionado, dado el buen desempeño del actual proveedor de la cuenta.

En realidad, lo que ocurrió fue que el vendedor de la competencia habló con un alto ejecutivo de la constructora y la conversación no fue solo sobre tornillos, sino sobre las necesidades generales de la empresa en el campo de la construcción. Es decir, el vendedor le preguntó sobre las herramientas utilizadas para instalar los tornillos y también sobre los materiales sobre los cuales los instalaban. De eso modo, fue llevando la conversación hasta centrarse en ofrecerle una solución integral a la constructora. Así las cosas, dando un paso atrás y analizando comparativamente al vendedor habitual con el nuevo vendedor, este nuevo vendedor fue meramente táctico, no estratégico.

Al presentarle a la constructora la conveniencia que había en el hecho de comprarle no solo tornillos, sino toda clase de herramientas y materiales a un solo proveedor, este competidor despertó el interés de la constructora. Su conversación con el alto ejecutivo no fue sobre precios, sino más bien sobre los ahorros de costos generales que podrían resultar de que la constructora cubriera todas sus necesidades a través de un solo proveedor. El vendedor también habló sobre la eficiencia que ganaría la constructora al hacerle estos pedidos a su empresa. Y agregó que, si en algún momento tenían preguntas sobre sus pedidos, simplemente, necesitarían ponerse en contacto con él. En esencia, el competidor fue despertando el interés de la constructora por hacer negocios con este nuevo proveedor y la estrategia funcionó a las mil maravillas.

La verdadera vergüenza de esta situación consistió en que el proveedor habitual también vendía herramientas y materiales al igual que el nuevo proveedor, de modo que él también pudo haberle proporcionado una solución integral al constructor en lugar de un solo producto, pero nunca se le ocurrió tener esa conversación con la constructora. Lo que estoy diciendo es que el vendedor de siempre no debió dejar perder esa cuenta. Después de todo, él pudo haberle ofrecido a su cliente lo mismo que le ofreció su competidor. Ahora, era demasiado tarde.

El vendedor habitual tuvo miedo de que el constructor lo percibiera como un codicioso y no quiso correr el riesgo de poner en peligro esa relación de negocios. Él y su empresa estaban contentos con los ingresos y la rentabilidad que les generaba la constructora y creían que, debido a su óptimo manejo y entrega de inventario a tiempo, tenían la cuenta "bloqueada" para siempre y nadie podría quitársela. En consecuencia, se confiaron. Desafortunadamente para ellos, ¡estaban equivocados! La confianza en la cuenta resultó ser su talón de Aquiles.

A este punto, me parece importante insistir en que su competidor no se llevó la cuenta mediante "descararse" bajando los precios de manera exagerada, ni cosa por el estilo. Lo que él hizo fue posicionarse, ofreciendo una solución integral que le agregó valor a sus productos y servicios a tal punto que este aspecto se convirtió en una razón sólida que justificaba un cambio de proveedor por parte de la constructora. El vendedor habitual se convirtió, simplemente, en un impulsor de productos y no hizo lo suficiente para ofrecerle a su cuenta un valor significativo y diferenciado.

Estrategia para consolidar tus cuentas

Esta historia es paralela a una dinámica con la cual me encuentro en la mayoría de las empresas. Por lo general, estas tienen una cartera de clientes fragmentada. La cartera se asemeja a una rebanada de queso suizo con grandes agujeros en todas partes. Le venden un producto (o dos) a un cliente, pero no desarrollan una estrategia para posicionarse y ofrecer la solución completa que su empresa tiene para brindarles a sus clientes. Quizá, le hayan vendido un solo producto a una empresa o una solución completa a una división o una sola sucursal de alguna empresa. En estos casos, hay más ventas por hacer, ¡y muchas!

Esto no es solo un problema de ventas de empresa a empresa. También afecta las ventas al consumidor. Si vendes servicios de limpieza de alfombras, de limpieza de ventanas y de lavado a presión de terrazas, tu empresa podría parecerse al bloque del queso suizo en lo correspondiente a tu cartera de clientes. A lo mejor, le hayas vendido uno de estos servicios a un cliente, pero no le vendiste la totalidad de los servicios que tu empresa tiene para ofrecer. Eso significa que un competidor que le presente a tu cliente los beneficios de ser un proveedor único, dispuesto a ofrecerle todos esos servicios, bien podría quitarte esa cuenta, de la misma manera que el competidor del proveedor de materiales de construcción le quitó el cliente al proveedor que llevaba años haciendo negocios con la constructora.

Esto me lleva a presentarte mi estrategia de *¡Vende diferente!* para consolidar cuentas. Esta estrategia te brindará nuevas oportunidades de ingresos y eliminará las vulnerabilidades que tengas de perder tus cuentas. Las nuevas oportunidades vienen en forma de mayores ingresos por la venta de productos adicionales y servicios a los clientes existentes. Las vulnerabilidades se eliminan, porque pasaste de ser un impulsor de productos tácticos a un proveedor de soluciones estratégicas.

La siguiente es la pregunta central que debes hacerte sobre cada uno de tus clientes, con el fin de implementar la estrategia de *¡Vende diferente!* para consolidar cuentas:

"¿Qué más están comprando mis clientes que yo pueda ofrecerles y no me lo están comprando?".

Te sugiero que contrastes lo que tu empresa ofrece con lo que tus clientes ya están comprando, pero de tus competidores. La historia que te compartí sobre el proveedor de materiales de construcción fue realmente un fracaso de ventas colosal. Debería ser un delito de venta punible cuando pierdes una cuenta, debido a que un vendedor de la competencia le vendió a tu cliente la misma solución que tú también podrías haberle ofrecido, pero nunca lo hiciste. Este es un error de ventas evitable y nunca debería ocurrir.

Debería ser un delito de venta punible cuando pierdes una cuenta, debido a que un vendedor de la competencia le vendió a tu cliente la misma solución que tú también podrías haberle ofrecido, pero nunca lo hiciste.

Cambiando de rumbo hacia el lado positivo de la ecuación, la estrategia de *¡Vende diferente!* para consolidar clientes suele tener un impacto exponencial en el crecimiento de tu empresa. Según algunas carteras de clientes que he analizado, llevar a los clientes de una relación generada por la venta de producto táctico a una relación basada en una solución estratégica integral como resultado de una buena implementación de la estrategia para consolidar clientes tiene el potencial de multiplicar por 10 los ingresos de tu empresa.

Si eres un vendedor y estás leyendo esto, quizá te parezca que necesitas que la empresa adopte esta estrategia y comience a usarla. ¡No es verdad! ¿Alguna vez has analizado tu cartera de clientes y te has preguntado cuántos ingresos sin explotar representa esa lista? Si no lo has hecho, deberías hacerlo. No hay razón por la cual no puedas implementar esta estrategia en este momento sin recibir una asesoría de la empresa. Así que, primero que todo, analiza tu cartera de clientes para encontrar qué oportunidades te brinda, así como sus vulnerabilidades. No esperes a que tu gerente de ventas te diga que lo hagas. Para entonces, podría ser demasiado tarde. Los vacíos innecesarios en tu cartera significan que estás dejando ingresos sobre la mesa y abriéndole la puerta a la competencia.

> ¿Alguna vez ha analizado tu cartera de clientes y te has preguntado cuántos ingresos sin explotar representa esa lista?

La adquisición de nuevos clientes se considera la parte divertida de las ventas. Es "chocar los cinco" cuando un vendedor añade un nuevo logo a la cartera de clientes incluso cuando es meramente la venta de productos tácticos. ¡La victoria más célebre debería ocurrir cuando implementas con éxito la estrategia de *¡Vende diferente!* para consolidar cuentas, lo que genera un nivel de ingresos significativamente mayor, junto con la eliminación de vulnerabilidades.

Volviendo a la historia del vendedor habitual, él tenía miedo de tener una conversación con el constructor de viviendas sobre la ampliación de la relación en la compra de más productos, porque no quería ser visto como un oportunista. Eso le costó caro. Tenía miedo de "entrar en zona de peligro" al tratar de vender más y arriesgar sus cuantiosos cheques de comisiones. Francamente, este vendedor no le hizo ningún favor a su cliente. Al no hablar con él sobre las oportunidades asociadas con los beneficios que genera la consolidación de una cuenta, la constructora incurría en ineficiencias y costos innecesarios. Esta estrategia no pone en peligro los cheques de comisiones. Lo que es realmente peligroso es esconder la cabeza en la arena y limitarte a rogar para que los competidores no se lleven tus cuentas.

El maestro en consolidar cuentas

Hay una empresa que utiliza la estrategia para consolidar cuentas propuesta por *¡Vende diferente!* mejor que cualquier empresa que yo haya visto, pero no la llama así. La empresa es Amazon. Para cada producto en su sitio web, Amazon ha creado una web de ventas totalmente conectada y diseñada para aumentar el tamaño de tus compras. Lo hace de una manera positiva y útil. Según el artículo que estés a punto de comprar, Amazon te ofrece sugerencias de otros productos que podrías querer comprar, junto con el artículo que buscas. El efecto es que digas: "Oh, sí, yo también necesito eso".

Mientras escribía este capítulo, entré en el sitio web de Amazon y busqué tornillos. En la sección de "artículos que los clientes suelen comprar juntos", me ofrecieron tanto taladros como brocas. Es decir, Amazon no solo se conforma con venderte el producto que buscas, sino que quiere venderte una solución completa. Si bien puede parecer codicia corporativa, no es así como lo ve su clientela. Los clientes perciben que Amazon es útil y les facilita el logro de sus objetivos. Por su parte, Amazon aumenta sus ingresos.

Cómo identificar oportunidades y eliminar vulnerabilidades de tu cartera de clientes

Lo más probable es que lo que vendas no sea tan variado como lo que ofrece Amazon, lo que significa que no tendrás una solución tecnológica tan robustecida como la de ellos para consolidar cuentas. Tu primer paso debe ser ensamblar manualmente una matriz para consolidar cuentas que te ayude a identificar las oportunidades y vulnerabilidades en tu cartera de cuentas. Así que podrías:

1. Diseñar una página en formato apaisado e insertarle una tabla con seis columnas.

2. Etiquetar así las siguientes columnas:

   1. Producto

   2. Competencia

   3. Segmento de mercado/Influenciador de decisiones

   4. Productos/servicios relacionados

   5. Sinergia

   6. Competencia por productos relacionados

3. En la primera columna (Producto), enumera todos los productos que ofrece tu empresa.

4. En la segunda columna (Competencia), lista todos los competidores que ofrecen el mismo (o similar) producto que los que escribiste en tu listado.

5. En la tercera columna (Segmento de mercado/ Influenciador de decisiones), identifica qué segmentos de mercado y ID compran este producto en particular.

6. En la cuarta columna (Productos/servicios relacionados), enumera todos los productos/servicios que vendes y que también necesitaría un cliente que compró lo que tú enumeraste en la primera columna. Por ejemplo, si el producto listado es un tornillo, esta es la sección donde incluirías destornilladores, taladros, brocas y materiales en los cuales se utilizarían los tornillos.

Pregúntate: *"Si mis clientes me están comprando este producto, ¿qué otros productos nuestros también deberían ser de su interés?"* Esta "columna de dinero" de la matriz para consolidar clientes mediante más productos relacionados con los que vendes es una forma manual de incorporar la misma estrategia automatizada que usa Amazon cuando les muestra a sus clientes la opción de "artículos que los clientes suelen comprar juntos". Si el proveedor habitual de materiales de construcción se hubiera hecho esta pregunta, habría encontrado oportunidades para venderle a la constructora mucha más que tornillos.

7. En la quinta columna (Sinergia), identifica por qué esos otros productos deberían ser de interés, preguntándote: *"¿Cuál es la sinergia entre el producto que me están comprando actualmente y los que están relacionados con él?"*. En el caso de los tornillos, los compradores pueden necesitar herramientas y diversos materiales de construcción.

8. En la sexta columna (Competencia por productos relacionados), enumera los competidores que entran en juego a la hora de posicionar productos relacionados. Es importante identificar esta lista, que puede o no ser la misma que la de la segunda columna, como parte de la estrategia de venta.

Una vez que hayas ensamblado tu matriz para consolidar cuentas, el siguiente paso es compararla con tu cartera de clientes. Este ejercicio expone los agujeros de queso suizo que hay en tus cuentas. Lo bueno es que ahora tienes las herramientas para tomar medidas al respecto. La matriz te ayudará a ver las oportunidades y vulnerabilidades que hay en la cartera de tu empresa.

Si eres vendedor, desarrolla tanto una estrategia como un cronograma para aprovechar cada oportunidad y eliminar cada vulnerabilidad.

Si eres gerente/ejecutivo de ventas, realiza las siguientes acciones:

1. Haz el análisis de la matriz para consolidar clientes. Aplícala a toda tu cartera de cuentas.

2. Según los resultados, asígnale un vendedor a cada cuenta para que se encargue de abordar las oportunidades y vulnerabilidades de ese cliente específico.

3. Prioriza las cuentas según el tamaño de las oportunidades y vulnerabilidades.

4. Trabaja con los vendedores para desarrollar tanto una estrategia como el cronograma para implementarla.

5. Haz un informe con las siguientes columnas para abordar la estrategia:

- Nombre de la cuenta

- Vendedor asignado

- Lo que la cuenta nos compra actualmente

- Qué debe comprarnos la cuenta

- A quién le está comprando la cuenta estos artículos actualmente

- La estrategia para posicionar la consolidación de la cuenta con nosotros

- Fecha en la cual el vendedor habrá consolidado la cuenta

Los vendedores descartan con frecuencia la expresión "ventanilla única" como una estrategia para posicionar la consolidación de proveedores cuando venden inicialmente sus productos y servicios. Ese mensaje suele ser convincente, lo que lleva a los ID a comprar un artículo hoy, teniendo en cuenta las necesidades de compra futuras.

Si bien es posible que ellos escuchen ese mensaje hoy, es probable que lo olviden con el tiempo. Es responsabilidad del vendedor mantener el mensaje de consolidación de proveedores en la mente de los ID y trabajar con ellos para aprovechar las oportunidades que se presenten para hacer negocios a los precios que el vendedor quiere. Al hacerlo, evita el peligro que condujo a la pérdida de la relación comercial del proveedor de materiales de construcción con la empresa constructora de viviendas.

Concepto de consolidación de nuevas cuentas de ¡*Vende diferente*!

Al centrarte en vender la gama completa de productos y servicios que ofrece tu empresa, estás eliminando vulnerabilidades y aumentando los ingresos que podrías recibir de tu cartera de clientes.

CAPÍTULO 13

EL SERVICIO AL CLIENTE NO TIENE LA MISMA FUNCIÓN QUE LA ADMINISTRACIÓN DE CUENTAS

En el Capítulo 12, me referí a la historia del proveedor de materiales de construcción que se dejó arrebatar su cliente por parte de un competidor que implementó con éxito la estrategia de *¡Vende diferente!* para alejar al cliente del vendedor titular de su cuenta. Sin embargo, cuando pensamos en por qué este vendedor titular fue vulnerable a la competencia, hay otra perspectiva a tener en cuenta.

Dos frases de uso común en el mundo de las ventas son "servicio al cliente" y "administración de cuentas". Con frecuencia, tanto los ejecutivos como los vendedores las usan de manera indistinta. Sin embargo, aunque el servicio al cliente y la administración de cuentas son dos funciones en las que participan muchas personas al interior de una organización, no son, ni hacen lo mismo. Exploremos la diferencia.

El servicio al cliente se produce cada vez que los clientes te solicitan algo. Esto puede ser realizar un pedido, comunicarse con tu centro de llamadas o enviarte un correo electrónico expresándote una necesidad. En estos casos, la medida del éxito en

200 LEE B. SALZ

esta área es la capacidad de respuesta caracterizada por tu óptimo nivel de precisión y puntualidad. En algunos casos, la capacidad de respuesta suele ser un factor diferenciador a tu favor, sobre todo, cuando un competidor le brinda al cliente un servicio de atención inadecuado. Debido a que ningún vendedor describe a su empresa como débil en el área de servicio al cliente, tu desafío es demostrarle al ID que tu servicio al cliente es de inmejorable nivel. Todos los vendedores les predican a sus prospectos que su empresa les brindará la mejor experiencia del mundo en lo relacionado con el servicio al cliente y muchos incluso les ofrecen testimonios de clientes como prueba de ello.

Para mostrarte cuál es la función del área de servicio al cliente, usaré un ejemplo que todos hemos experimentado: cenar en un buen restaurante. Cuando vas a un restaurante, esperas que los camareros atiendan tu mesa poco después de que te sientes. No está en tus planes tener que esperar 20 minutos o más para que te sirvan agua y pan o te alcancen un menú. Tampoco esperas que los camareros tarden tanto en visitar tu mesa y tomar tu pedido.

Cuando realizas el pedido de la comida que deseas, esperas que te la sirvan con precisión, tal y como la pediste y en el momento oportuno. Después de la comida, esperas que la cuenta esté bien elaborada. Cuando todas estas tareas se realizan como es de esperar, los comensales se refieren a este conjunto de atenciones como una "excelente experiencia de servicio al cliente". Sin embargo, estos aspectos son simplemente *apuestas de mesa*. Esperamos que todos estos servicios se brinden sin problemas durante cada experiencia gastronómica. Y cuando alguno de ellos es defectuoso, los comensales se refieren a cualquiera que haya sido el problema como un "servicio al cliente deficiente".

Un buen servicio al cliente no es "ir más allá" de lo que se espera para agradar al comensal. Si bien es cierto que muchas empresas luchan para poder brindar la atención básica, confiar en el servicio al cliente para retener a tu clientela es una estrategia defectuosa, tal y como aprendió aquel proveedor de materiales de construcción.

Brindarle un buen servicio al cliente evita que este busque un proveedor alternativo, pero no evitará que un competidor se le acerque, genere intriga y se lleve la cuenta. Para eliminar esa vulnerabilidad y retener a tus clientes, necesitarás la estrategia de *¡Vende diferente!* para ofrecer una óptima administración de cuentas.

La administración de cuentas es lo contrario del servicio al cliente. Mientras que el servicio al cliente se considera una función receptiva, la administración de cuentas es proactiva. La estrategia de *¡Vende diferente!* para hacer una buena labor en la administración de cuentas es el valor prescriptivo que les brindas a tus clientes más allá del beneficio que les brindan tus productos o servicios. Nota el uso de la palabra "prescriptivo". La percepción del valor significativo no ocurre por accidente. Es por diseño. Está pensada por ti como parte de la experiencia general del cliente con tu empresa. El propósito central de la función de administración de cuentas es generar satisfacción en el cliente, lo que conduce a una mayor permanencia de él en tu empresa, así como a más ingresos y ganancias para tu negocio. Prescribir o definir la experiencia de la administración de cuentas conducirá a estos resultados.

A lo largo de los años, he descubierto que las empresas gastan una gran cantidad de energía en adquirir nuevos clientes. No se le presta suficiente atención al desarrollo de estrategias para aumentar la retención y el crecimiento de clientes. Los ejecutivos no invierten suficiente tiempo en implementar la estrategia de la administración de cuentas de *¡Vende diferente!* Encuentro que la mayoría de las organizaciones no ofrece más que una clasificación básica A, B, C de clientes, los cuales son clasificados solo por su nivel de ingresos reconocidos. Para este efecto, se distribuirá un trivial documento que presenta estas clasificaciones de clientes, entregado en toda la organización sin una estrategia incluida y sin ciertas expectativas establecidas. Todo lo que escucha el equipo es: "Esta es la clasificación de nuestros clientes A, B y C". Por supuesto, nadie sabe qué hacer con esa información, de modo que esta no promueve ningún comportamiento prescriptivo o proactivo. No hay nada de malo en hacer una clasificación A, B, C de tus clientes. El problema es cuando no hay una definición de lo que significa para la empresa que un cliente pertenezca a alguna de estas categorías.

> El propósito central de la función de administración de cuentas es generar satisfacción en el cliente, lo que conduce a una mayor permanencia en tu empresa, así como a más ingresos y ganancias para tu negocio.

Con frecuencia, los ejecutivos y los vendedores usan la expresión "sociedad valiosa" para describir cómo creen ellos que son sus relaciones con los clientes. Si bien es cierto que es función del proveedor brindarle un servicio sólido al cliente, este solo hecho no generará en ellos la percepción de un significado de valor con respecto a lo que el proveedor les ofrece, ni tampoco hace que ellos lo vean como el socio invaluable que necesitan y desean tener.

Si bien los ejecutivos les predican a sus equipos acerca de la importancia de la estrategia de administración de cuentas, normalmente, nadie la define, ni formula un plan para implementarla de manera metódica. Lo que es más importante, las empresas pierden las oportunidades que se les presentan para usar la estrategia de la administración de cuentas de *¡Vende diferente!* con el fin de *adquirir*, retener y hacer crecer sus listas de clientes. "¡Espera un minuto! ¿Dije adquirir clientes a través de la administración de cuentas?". ¡Absolutamente! Si tienes un programa de administración de cuentas prescriptivo, este programa se convierte en tema de conversación cuando estás en busca de nuevos clientes. La administración de cuentas es tu forma de ofrecer un valor significativo que va más allá de los beneficios de lo que vendes. Esta es una gran manera de diferenciarte de tus competidores.

Analizando tu portafolio de clientes

Algunas empresas clasifican a sus clientes exclusivamente por los ingresos percibidos de ellos. Otras no los clasifican en absoluto. Clasificar a los clientes es una tarea clave que toda empresa debe realizar y el enfoque debe ser algo más que una simple clasificación de ingresos. ¿Por qué es esto tan importante? Porque, sin un método sofisticado para clasificar a los clientes, tu empresa no atenderá a algunos, mientras que a otros los atenderá en exceso.

El paso inicial en el desarrollo de la estrategia de administración de cuentas de *¡Vende diferente!* es clasificar tu portafolio de clientes de manera exhaustiva. Te aconsejo que hagas esta clasificación después de haber realizado mi "análisis de cinco puntos sobre el valor del cliente".

El **primer punto** del análisis es "ingresos reconocidos". Aquí es donde comienza la evaluación, pero no representa el cuadro completo. Piensa en esto: ¿Qué pasa si una empresa gasta $1 millón de dólares al año en aparatos y tu empresa fabricante de aparatos obtiene solo el 1% de ese gasto? En ese nivel de gasto, el 1% ubicaría a esa empresa a un nivel bajo según tu escala de ingresos. Dado su potencial para obtener ingresos significativamente mayores, ¿realmente deseas tratarla como si fuera un pequeño cliente?

El **segundo punto** a analizar es el "porcentaje de participación financiera". Esa es la parte del gasto del cliente que tu empresa recibe en comparación con el total posible que recibirías si tú consolidaras esa cuenta con tu empresa. Este punto representa los ingresos potenciales que la cuenta podría generarte si tu empresa le prestara un servicio integral a un cliente de ese calibre.

El porcentaje de participación financiera no siempre es fácil de determinar y, a menudo, es incalculable. Eso significa que, a menudo, se usa una conjetura informada para este segmento del análisis. El bajo porcentaje de participación financiera se aborda mejor utilizando la estrategia de *¡Vende diferente!* descrita en el Capítulo 12. Esa estrategia podría convertir una cuenta de ingresos mediocre en uno de los más grandes clientes de tu cartera.

El **tercer punto** a analizar es la "rentabilidad de la cuenta". Algunos clientes le generan ingresos sustanciales a tu empresa, pero el margen de ganancia de esos ingresos es bajo. Sin embargo, un cliente de ingresos medianos puede ser significativamente más rentable. Sin tener en cuenta la rentabilidad en el análisis, los ingresos reconocidos podrían crear una falsa impresión de valor del cliente. Existen numerosos casos en los que los clientes más importantes son los peores clientes de una empresa en función de la rentabilidad que genera su cuenta.

Para empeorar las cosas, estas cuentas son atendidas con servicios de administración de cuentas al más alto nivel, lo que diluye aún más su rentabilidad. Así que se les presta un alto nivel de administración de sus cuentas, en este caso, por la única razón de que nadie analizó primero el nivel de rentabilidad de estas cuentas al brindarles este servicio.

El **cuarto punto** es tener "cuentas estratégicas". Es posible que algunos clientes solo tengan la capacidad de generarte una pizca de ingresos, aunque tú poseas el 100% de su participación financiera. Sin embargo, tenerlos en tu cartera de clientes te ayuda a establecer credibilidad con otros posibles clientes. Podría ser su nombre, su marca, el segmento del mercado que ellos ocupan o una solución especializada que implementaste para ellos y que le genera un valor a tu empresa que va más allá de la contribución de ingresos que recibes por parte de esos clientes. Estas son cuentas estratégicas que benefician a tu empresa más allá de los ingresos percibidos o del potencial de recibir ingresos mayores por cuenta de ellas. Mirar a estos clientes desde el punto de vista de los ingresos reconocidos o del potencial de ingresos te llevaría a ubicarlos en un lugar bajo de tu tabla de clasificación de clientes. Entonces, ¿realmente deseas tratar una cuenta estratégica como un cliente minúsculo?

El **quinto punto** a tener en cuenta es el "factor de dolor". Estos son clientes que son tremendamente onerosos para tu empresa. Quizá, generen ingresos significativos, pero es doloroso mantener esas cuentas. Tal vez, tu empresa no tiene la tecnología o los sistemas necesarios para manejar adecuadamente a esos clientes, lo que significa que ellos no están alineados con tus puntos fuertes. A lo mejor, su personal es extremadamente difícil de tratar. Esta es otra consideración importante al momento de clasificar a los clientes.

Desarrolla un sistema de clasificación significativo

Con cada uno de los componentes del "análisis de cinco puntos sobre el valor del cliente" que tienes en mente, el siguiente paso es desarrollar un sistema para clasificar adecuadamente a cada uno de ellos. El sistema está destinado a categorizar a los clientes en función de su valor para tu organización. Si bien es probable que estés buscando una ecuación matemática simple que te indique cómo clasificar a tus clientes, el hecho es que no encontrarás ninguna. La clasificación requiere de un escrutinio que va más allá del cálculo.

Comienza tu clasificación según el valor del cliente, dividiendo tu portafolio de clientes en tres categorías, A, B y C. Y, dado que no existe una ecuación matemática para calcular el valor del cliente, estas son las cinco consideraciones a tener en cuenta para hacer una buena evaluación:

1. **Ingresos reconocidos.** Clasifica a cada cliente como alto, medio o bajo según la cantidad de ingresos que tu empresa recibe de ellos. El 10% superior debe clasificarse como "alto", el siguiente 10% debe clasificarse como "medio" y el 80% restante debe clasificarse como "bajo". Esto se basa en el concepto comúnmente conocido de que el 80% de los ingresos es generado por el 20% de tus clientes.

2. **Porcentaje de participación financiera.** Clasifica a cada cliente como alto, medio o bajo según el porcentaje de gasto que tu empresa obtiene del cliente. Los clientes de rango "alto" son aquellos con los que tienes el control de

más del 75% de su participación financiera. Los clientes de clasificación "mediana" son aquellos con los que tienes entre el 50% y el 75% de su participación financiera. Los clientes de clasificación "baja" son aquellos con los que tienes menos del 50% de su participación financiera.

3. **Rentabilidad de la cuenta.** Clasifica a cada cliente alto, medio o bajo, basado en el margen de ganancia que te genera. Cada empresa tiene sus propios parámetros acerca del margen esperado, por lo que no es posible darle un número fijo a esta sección. Sin embargo, se les asignará la clasificación de "alto" a aquellos clientes que generen los márgenes deseados sobre los ingresos generados. La clasificación de "medio" se les asignará a los clientes que generen márgenes aceptables sobre los ingresos generados. Se les asignará la clasificación de "bajo" a los clientes que generen márgenes inaceptables sobre los ingresos generados.

4. **Cuentas estratégicas.** Haciendo a un lado las consideraciones relacionadas con ingresos y ganancias, clasifica a cada cliente según el valor que representa para tu negocio. Esto tiene en cuenta su nombre o reconocimiento de marca o una solución particular implementada. La clasificación de "alto" se les asignará a aquellos clientes que se consideren de alto valor. La clasificación de "mediano" se les asignará a aquellos clientes que se consideren de valor medio. La clasificación de "bajo" se les asignará a aquellos clientes cuyo nombre, reconocimiento de marca, segmento de mercado o la solución implementada no le proporcione ningún valor adicional a tu empresa.

5. **Factor de dolor.** Evalúa lo que implica para tu empresa apoyar este cliente ¿Están sus necesidades alineadas con las áreas en las que sobresale tu empresa? ¿Qué tan difícil es hacer feliz a este cliente? La clasificación de "bajo" se les debe asignar a aquellos clientes que están alineados

con los aspectos en los que sobresale tu empresa y que son fáciles de respaldar. La clasificación de "mediano" se les debe asignar a aquellos clientes que también están alineados con los aspectos en los que sobresale tu empresa, pero que son más difíciles de respaldar. La clasificación de "alto" se les debe asignar a aquellos clientes que no están alineados con los aspectos en los que sobresale tu empresa o que son extremadamente difíciles de complacer.

Con base en este "análisis de cinco puntos sobre el valor del cliente", traza tus cuentas en una matriz. Escribe los nombres de los clientes en la columna de la izquierda. Enumera los cinco puntos del análisis como encabezados de columna. La séptima columna debe titularse "Clasificación general de clientes". Es en esta columna donde considerarás los resultados del "análisis de cinco puntos sobre el valor del cliente" y le otorgarás a cada cliente una clasificación general de A, B o C.

Dados los cinco puntos, ¿cómo estableces una clasificación general para cada cliente? La respuesta a esa pregunta es otra pregunta más:

¿Qué nivel de servicio de administración de cuenta quieres ofrecerle al cliente?

Algunos factores a tener en cuenta al desarrollar tu clasificación general de clientes:

1. **Ingresos reconocidos en relación con el porcentaje de participación financiera.** Evalúa la posibilidad de aumentar el porcentaje de participación financiera y el impacto en los ingresos reconocidos de la cuenta. Si el crecimiento es probable y generaría significativamente más ingresos, ese es un factor importante a considerar en la clasificación general de clientes.

2. **Ingresos reconocidos en relación con la rentabilidad de la cuenta.** Si bien el porcentaje puede no estar en el nivel deseado, el volumen de ganancias financieras es importante para tu negocio. Ese puede ser un factor que te lleve a elevar tu clasificación general de clientes.

3. **Cuenta estratégica.** Una cuenta que recibe una clasificación de "alto" como cuenta estratégica debe recibir una "A" o una "B" en tu clasificación general de clientes.

4. **Factor de dolor relativo a la rentabilidad de la cuenta.** Una cuenta con una clasificación de "alta" en el factor de dolor y una clasificación de "baja" en la rentabilidad de la cuenta amerita que analices la posibilidad de eliminarla de tu portafolio de clientes. Esa suele ser una mala cuenta para tu negocio.

Una percepción errónea común es que la administración de cuentas se compone de un nivel fijo de servicio que reciben todos los clientes. Muchas empresas manejan la función de esa manera. Sin embargo, debería haber niveles de administración de cuentas ofrecidos en base a los resultados del "análisis de cinco puntos sobre el valor del cliente". Tus clientes "A" no deberían recibir el mismo nivel de servicio de administración de su cuenta que tus clientes "C".

La administración de cuentas es una inversión que tu empresa hace en las relaciones con los clientes.

> La administración de cuentas es una inversión que tu empresa hace en las relaciones con los clientes.

Definiendo la experiencia de la administración de cuentas

¿Cuál fue el objetivo del ejercicio de clasificación que acabo de describir? ¿Fue para crear una versión "más bonita" de la clasificación de tus clientes? No. El propósito de esta clasificación, mediante el "análisis de cinco puntos sobre el valor del cliente" es para determinar los niveles apropiados de los servicios de administración de cuentas que se brindarán en función del valor del cliente.

Todos los clientes de tu cartera deben ser tratados bien, pero no al mismo nivel.

Ciertamente, ningún cliente debe ser desatendido y no recibir tus servicios de administración de cuenta. Si tú no quieres la cuenta (factor de dolor alto), díselo directamente al cliente. Todos los clientes de tu portafolio deben recibir un buen trato, pero no al mismo nivel. La administración de cuentas representa un costo para tu negocio, así que no puedes darte el lujo de proporcionarle el mismo nivel de servicio a todos tus clientes, ni deberías querer hacerlo.

Pero, ¿qué experiencia de administración de cuentas les brindarás a tus clientes? Repasemos el propósito principal de la administración de cuentas: generar la satisfacción del cliente, lo que conlleva a una mayor permanencia, así como a más ingresos y ganancias para tu empresa. Te daré algunas pautas que podrías incluir en tu programa de administración de cuentas.

1. **Patrocinio ejecutivo.** Le asignas un miembro del equipo ejecutivo a la cuenta, cuya tarea será desarrollar relaciones de alto nivel con el cliente. Por lo general, este servicio se les ofrece a los clientes "A". Para los clientes "B", se puede asignar un miembro del equipo de gestión como patrocinador. En cuanto a los clientes "C", no se les asigna un patrocinador.

2. **Reuniones.** Con base en el sistema de clasificación A, B, C, determina la cantidad de veces que te reunirás con cada clasificación de clientes y con qué propósito. El número de reuniones entre los tres tipos no debe ser uniforme. Evalúa si las reuniones se llevarán a cabo en persona o virtualmente. Además, piensa en la ubicación en la que se

realizarán las reuniones. Según la clasificación, es posible que desees invitar a ciertos clientes a reunirse contigo en tus oficinas corporativas (no en las de ellos) para hacer las revisiones de sus cuentas y sesiones de planificación. Algunas empresas ofrecen pagar los gastos de viaje de sus clientes "A" para que ellos visiten sus instalaciones.

3. **Acceso a nuevos productos/características.** A medida que tu empresa introduce nuevos productos/características en el mercado, es conveniente darles acceso a tus clientes en función de tu sistema de clasificación de clientes. Los clientes de mayor rango deben recibir acceso antes que otros clientes.

4. **Supervisión de la cuenta.** Para tus clientes "A", un miembro de tu equipo debe realizar una asesoría y un seguimiento cuidadoso de su rendimiento y vigilar la cuenta, sus patrones de compra y cualquier novedad que se presente.

5. **Invitaciones a grupos de enfoque/juntas asesoras.** Estas son sesiones establecidas para intercambiar ideas sobre tus nuevos productos y servicios. La participación en grupos focales y juntas asesoras fortalece las relaciones con los clientes. Estas invitaciones deben extenderse a clientes "A" y, a veces, "B".

6. **Análisis de datos.** Cualquier proveedor puede generar un informe y enviárselo por correo electrónico a un ID. ¿Quieres que ellos te vean como un asesor confiable, como un socio valioso? Entonces, primero, analiza el informe. Comparte con tus clientes lo que te dicen los datos. Hazles preguntas basadas en esos datos, dales recomendaciones y ayúdales a tomar decisiones informadas. Esto te permite mostrarles tu alto nivel de experiencia y proporcionarles la mejor solución que ellos puedan obtener de tu parte, dada la importancia de la

inversión financiera que ellos han estado dispuestos a hacer en tu empresa.

7. **Boletines.** Tú mismo puedes crearlos fácilmente, con herramientas en línea. Los boletines mantienen a los clientes informados con respecto a los acontecimientos de la industria, a normas regulatorias, a mejores prácticas y tendencias. El objetivo no es vender tus productos, sino brindarles información de valor que les ayude en sus funciones. Los boletines deben enviárseles a todos los clientes, independientemente de su clasificación.

Esta es solo una pequeña muestra de las opciones de administración de cuentas disponibles para ti. Según tu negocio, tus opciones serán diferentes. La clave es definir con exactitud cómo es la experiencia de administración de cuentas que deseas brindar en función de tu clasificación general de clientes. Esto te permite ofrecer un valor significativo más allá de lo que ofrecen tus productos y servicios. La estrategia de administración de cuentas de *¡Vende diferente!* te ayudará a retener a tus clientes existentes y hará crecer tu lista de clientes al mismo tiempo que haces más negocios a los precios que deseas.

Concepto de administración de cuentas de *¡Vende diferente!*

La administración de cuentas es el valor prescriptivo y proactivo que tú les ofreces a tus clientes, más allá de los beneficios de disfrutar de lo que vendes, para así generar su bienestar y aumentar su permanencia en tu empresa, lo cual da como resultado obvio el aumento de tus ingresos y ganancias.

CAPÍTULO 14

EL REGALO QUE TODO VENDEDOR HA TENIDO

La pregunta divertida que me gusta hacerles a los vendedores es: "¿Cuál es el día más productivo del año para un vendedor?". Escucho respuestas como "los martes", "el último día del mes" y "el primer día del año". Ninguna de estas respuestas está ni siquiera cerca de ser correctas. Así que:

¿Cuál es el día más productivo del año para un vendedor?

Inversión de tiempo

El día más productivo del año para los vendedores es el día antes de irse de vacaciones. Imagina que es el día antes de emprender una escapada de una semana. Cada tarea que se encuentra frente a ti pasa por un proceso de filtrado para determinar cuál debes hacer en ese momento, cuál puede esperar y cuál ni siquiera intentarás hacer.

Ese día, estás 100% concentrado en hacer única y exclusivamente esas tareas que determinaste que dejarías hechas antes de salir por la puerta de tu lugar de trabajo. Incluso tienes una lista de tareas pendientes y vas marcando cada una de ellas como terminada.

A medida que el día avanza, no solo estás emocionado, pensando en tu tiempo de descanso, sino que además sientes una fuerte sensación de logro. ¡Y deberías! No desperdiciaste ni un solo minuto de ese día. Seleccionaste con sumo cuidado todo lo que harías durante esas horas. Tú, y solo tú, controlaste el día.

¿Qué pasaría si tuvieras el mismo grado de enfoque todos los días, a lo largo de tu carrera de vendedor? ¿Cuánto aumentaría exponencialmente tu nivel de éxito con solo desafiarte a ti mismo en cuanto a manejar mejor la marcha del reloj? Todos tenemos la misma cantidad de minutos cada día. La diferencia entre los mejores y los mediocres está determinada por cómo cada uno usa esos minutos. Una vez que un minuto ha pasado, se fue para siempre. Nada de lo que hagamos nos devolverá ese instante.

> La diferencia entre los mejores y los mediocres está determinada por cómo cada uno usa esos minutos.

La forma en que aprovechas o no tu tiempo, todos los días, minuto a minuto, determina tu éxito futuro. Eso significa que debes tomar una decisión consciente de usar cada minuto de cada día. Nadie quiere mirar hacia atrás y decirse a sí mismo: "Ojalá hubiera hecho...". Para evitar experimentar ese arrepentimiento, elabora un plan que te ayude a administrar tanto el uso de tu tiempo como las tareas que vas a realizar. En la profesión de las ventas, puedes estar extremadamente ocupado todo el día, pero lograr pocos resultados. Te vas a casa agotado después de un día completo, pero, cuando reflexionas sobre el uso que le diste a tu tiempo, te das cuenta de que no hiciste nada para aumentar tus ventas. Dado que aumentar las ventas es el eje de las responsabilidades de todo vendedor, esto significa que tu día fue una pérdida total.

El éxito es fácilmente cuantificable en la profesión de las ventas. Existe una gran cantidad de datos, disponibles en la mayoría de las empresas, que describen a los vendedores que tienen éxito y a los que no. Ciertamente, el logro de metas es uno de esos cuantos datos. Una de esas métricas *no* es "quién trabajó más duro". En ventas, a nadie le importa lo duro que trabajes. No hay premios para el vendedor más trabajador. Las métricas están asociadas con el logro de metas y las diversas fases de adquisición o crecimiento de nuevos clientes. Trabajar duro, por sí solo, no hace que los vendedores tengan éxito. Pero trabajar con inteligencia sí.

La primera tarea que "sale por la ventana"

¿Cuál es la primera labor que se deja de lado cuando los vendedores están "ocupados"? ¡La prospección! La mayoría de los vendedores teme hacer esta tarea. Coloqué entre comillas "ocupados", porque algunos vendedores se mantienen ocupados para evitar la labor de prospección. Después de todo, escuchar "no" todo el día es agotador, frustrante y doloroso. Por eso, esa es la primera tarea que ellos se saltan cuando surgen otras. Sin embargo, si bien en ese momento puedes sentirte muy bien al haberte saltado el dolor de la prospección, experimentarás una agonía semanas y meses más tarde, cuando tu fuente de clientes esté tan seca como el desierto del Sahara.

Para que mantengas la prospección como una labor siempre presente en tu mente, te daré una estrategia de *¡Vende diferente!* sobre prioridades administrativas. Al igual que lo harías con cualquier otra cita importante, programa citas fijas en tu calendario para realizar tus sesiones de prospección. Cada sesión no debe durar más de dos horas, lo que te permitirá mantenerte alerta durante todo ese tiempo. Después de dos horas, muchos vendedores se fatigan, así que se vuelven menos efectivos, motivo primordial por el cual siempre recomiendo que esta actividad tenga un tiempo de duración limitado.

Durante estas sesiones, no leas correos electrónicos, ni mensajes de textos, ni tampoco contestes llamadas telefónicas. Reserva ese tiempo estrictamente para actividades de prospección y nada más. Las únicas dos actividades permitidas en ese tiempo son crear/ enviar correos electrónicos de prospección y realizar llamadas telefónicas con ese mismo propósito. Eso es todo. Programa tu teléfono en modo "no molestar", mantente alejado de la bandeja de entrada de tu correo electrónico y concéntrate en esta actividad.

Ahora, la clave para hacer que estas sesiones de prospección sean súper productivas es: *preparar tu lista de objetivos antes de comenzar*. Estas sesiones no son momentos para investigar y pensar a quién contactar. Son única y exclusivamente para enviar correos electrónicos y hacer llamadas telefónicas.

Claro, puedes estar "ocupado", pero nunca deberás cancelar las sesiones de prospección que tienes programadas. Claro que las puedes reprogramar dentro de esa misma semana si se te presenta un problema de fuerza mayor, como una reunión intempestiva con un cliente que hace rato estás tratando de contactar. Lo cierto es que los mejores vendedores no cancelan las sesiones de prospección; más bien, encuentran una manera de hacer que sucedan. La razón es una: si las pospones, también estarás posponiendo tu éxito. ¡Y nadie quiere posponer la certeza de recibir cheques de comisiones bien grandes!

Gestión de tareas tipo médico

Cuando has ido al médico ¿alguna vez has notado que, cuando el médico ingresa a la consulta, está completamente preparado para reunirse contigo? Una recepcionista programó la cita, documentó la información de tu seguro y procesó tu pago al final de la consulta. Una enfermera registró tu historial médico, te tomó la presión arterial y te pesó. Como resultado de toda esta preparación, el tiempo que el doctor pasó contigo estuvo extremadamente concentrado en ti, porque ya le habían proporcionado todos esos datos desde antes de comenzar la consulta.

Los médicos no pesan a los pacientes, porque esa es una pérdida de tiempo para ellos, dado su alto nivel de habilidades. Ellos reconocen el valor de su tiempo y por eso se centran en los ingresos que reciben por minuto. Solo realizan tareas que requieran de su conjunto de habilidades especializadas. Su objetivo es tener una consulta productiva con cada paciente, usando la menor cantidad de minutos posible. Por supuesto, ellos no hacen que el paciente se sienta apurado, pero utilizan sus recursos de manera efectiva para prestarle el máximo de su atención.

Ahora, si bien los médicos no pesan a los pacientes, las recepcionistas tampoco diagnostican a los pacientes, porque ellas no tienen las credenciales, ni la experiencia para hacerlo. A cada empleado de la práctica se le asignan tareas específicas dentro de su experticia y rango de responsabilidades. Un consultorio médico tiene una gran claridad sobre quién maneja qué tareas. A menudo, esta es la claridad que tanto hace falta en otros entornos comerciales.

¿Qué sucede si adoptamos el mismo enfoque de gestión de tareas con las ventas? Según este modelo, el "doctor" es el vendedor de quien se espera que realice solo aquellas tareas que requieren de su experiencia. La "enfermera" y la "recepcionista" son otras personas en la organización que pueden realizar las tareas necesarias que no requieren el nivel de habilidad que posee un vendedor. Esas otras tareas deben realizarse, pero el "médico" no debe ser quien las haga.

El propósito central de los vendedores, la razón por la que están en la nómina, es generar ingresos. A veces, sin embargo, la gerencia pierde de vista ese propósito y les asigna tareas a los vendedores que los distraen de realizar su función primordial: la generación de ingresos. Esto no solo es un problema de gestión. Los vendedores a menudo también son culpables, dado que aceptan asumir por voluntad propia tareas que ellos no deberían estar haciendo. Esto es comprensible porque, al fin y al cabo, prácticamente, todo es más divertido que prospectar.

Los vendedores que llevan mucho tiempo en una organización suelen caer en esta trampa. Ya que saben cómo resolver los problemas de los clientes, ellos mismos se dedican a manejar y resolver estos problemas, en lugar de dejar que la "enfermera" y la "recepcionista" se encarguen de hacerlo. Claro, los vendedores sienten una sensación de logro, porque solucionaron el problema, pero ¿a qué costo para el futuro éxito de sus ventas? Manejar los problemas de los clientes por sí mismos significa que no invirtieron tiempo desempeñándose en sus labores de "médico". Desafortunadamente, esos minutos se pierden para siempre.

Los vendedores que se involucran con los problemas de los clientes, actividad que otros deberían atender, crean un vacío en cuanto a la gestión del problema del cliente. Como todos en la empresa saben que estos vendedores resolverán los problemas de manera efectiva, se los pasan a ellos para que los resuelvan. Cuando esto sucede, el "médico" está realizando funciones de "enfermera" y "recepcionista". Esto es costoso para la organización, porque, en ese momento, nadie está realizando tareas de "médico".

En cuanto a los vendedores externos, atrapados en este interminable ciclo, te sugiero que evites que ellos permanezcan en la oficina. Si no están disponibles, la organización se verá obligada a resolver estos problemas sin su participación. Si ellos no pueden alejarse de la oficina, haz todo lo posible para que ellos rechacen esas tareas de manera apropiada y para que las mantengan fuera de su lista de cosas por hacer.

> La gerencia tiene la responsabilidad de garantizar que cada minuto de "médico" asociado con sus vendedores se invierta sabiamente.

La gerencia tiene la responsabilidad de garantizar que cada minuto de "médico" asociado con sus vendedores se invierta sabiamente. La gerencia también tiene la responsabilidad de supervisar a los "médicos" y asegurarse de que ellos no caigan en la trampa de hacer labores propias de una "enfermera", ni de una "recepcionista". Cuando eso sucede, los vendedores se transforman en costosos representantes del servicio al cliente. Los "médicos" necesitan concentrarse en sus tareas más importantes y valiosas, las cuales están directamente relacionadas con los ingresos. Si los "médicos" no generan ingresos para la empresa, ¡nadie más lo hará!

Optimiza las tareas relacionadas con las ventas

Para evitar los pasos en falso asociados con los "médicos" que realizan tareas de "enfermera" y "recepcionista", elabora una lista de todas las responsabilidades asociadas con la adquisición, retención y crecimiento de nuevos clientes. Comienza desde la prospección y enumera todas las actividades por realizar, desde el servicio al cliente hasta la gestión de cuentas. El siguiente es un ejemplo de cómo sería una lista de tareas:

1. Tramitar listas con el fin de buscar prospectos.
2. Hacer investigación de prospectos.
3. Hacer análisis estratégico de los clientes actuales.
4. Hacer análisis estratégico de las reuniones.
5. Hacer llamadas de prospección.
6. Fomentar las relaciones con presentaciones dirigidas a los ID.
7. Hacer reuniones con los socios principales.
8. Realizar presentaciones comerciales para los ID.
9. Participar en la feria comercial.
10. Hacer reuniones de demostraciones.

1. Recibir prospectos entrantes.
2. Hacer ventas adicionales entre los clientes existentes.
3. Hacer ventad cruzadas entre los clientes existentes.
4. Generar clientes potenciales de referidos.
5. Programar reuniones de descubrimiento.
6. Desarrollar reuniones de seguimiento de cuentas.
7. Contactar clientes potenciales salientes.
8. Organizar visitas a clientes.
9. Recibir las visitas de los ID.
10. Desarrollar sesiones para resolver las dudas de los prospectos.

Con la lista maestra desarrollada, el siguiente paso es asignarles tareas específicas al "médico", a la "enfermera" y a la "recepcionista". Es posible que una tarea se asigne a más de un rol, pero esa debería ser la excepción, no la norma.

1. Las tareas de "doctor" son aquellas que requieren del *más alto* nivel de conocimientos y habilidades técnicas/ de ventas.

2. Las tareas de "enfermera" son aquellas que requieren de un nivel *moderado* de conocimientos y habilidades técnicas/de ventas.

3. Las tareas de "recepcionista" son aquellas que requieren del nivel *más bajo* de conocimientos y habilidades técnicas/de ventas.

Si bien mencioné que el "doctor" es el vendedor, ese no es siempre el caso. Uno de mis clientes utiliza un enfoque de venta virtual donde el "doctor" es su ingeniero de soluciones. Él tiene vendedores de nivel junior cuya principal responsabilidad es generar reuniones calificadas para que su ingeniero de soluciones haga su magia. Para él, el ingeniero de soluciones es aquel cuyos minutos son más valiosos y cuyo uso del tiempo debe administrarse con más cuidado. Eso significa que él necesita poder "caminar" de una habitación virtual a otra durante todo el día. Además, debe estar completamente preparado para reunirse con los vendedores y lograr el máximo de efectividad en la menor cantidad de minutos posible.

Si tú eres un gerente y estás leyendo esta sección, te animo a que elabores un esquema de actividades para los diversos miembros de la organización y lo compartas con los equipos. Esto garantiza que todos tengan claridad sobre sus responsabilidades principales en relación con la adquisición, retención y crecimiento de nuevos clientes. Si bien la metáfora médica es útil para armar este plan, no recomendaría compartir ese enfoque con toda la organización. Aquellos considerados "enfermeros" o "recepcionistas" en la matriz podrían sentirse ofendidos, ya que sentirían que son vistos como menos importantes que los "médicos". El resultado clave del ejercicio es tener una clara comprensión de quién se espera que haga qué.

Si eres un vendedor y estás leyendo esta sección, desafíate a ti mismo con esa lista de tareas y hazte responsable de las tareas que requieran de tu participación. Es posible que el equipo directivo de la empresa te haya asignado tareas de "enfermero" o de "médico". Sin embargo, suele haber casos en los que los vendedores están realizando tareas que no deberían y la gerencia no es consciente de ese problema. Este ejercicio educa a la gerencia sobre sus detractores de ventas, lo que significa que este esquema te ayudará a mantenerte enfocado en las tareas de ventas que son esenciales para la empresa y que solo tú estás calificado para realizar.

El objetivo principal de la estrategia de *¡Vende diferente!* para desempeñar una administración que tenga en cuenta las prioridades empresariales es maximizar el tiempo que inviertes en todas las tareas relacionadas directamente con las ventas. Hazte responsable de realizar las tareas que te pertenezcan únicamente a ti. Deja que otros se encarguen de las tareas que sean "ajenas a ti". Los vendedores que utilizan sus recursos sabiamente invierten su tiempo para incrementar su nivel de rendimiento. Ellos son los que más dinero ganan. ¡Asegúrate de que esa persona seas tú!

Concepto de administración basada en prioridades de *¡Vende diferente!*

Debes invertir cada minuto de cada día sabiamente para así maximizar el tiempo que les dedicas a las actividades propias de la venta, el rendimiento y los ingresos.

CAPÍTULO 15

EL GRAN ERROR AL COMPARAR VENDEDORES
CON DEPORTISTAS

Se han escrito innumerables artículos, blogs y libros comparando a los vendedores con los deportistas profesionales. "Los vendedores son los deportistas de los negocios", dicen. Estoy seguro de que te has encontrado con variaciones de esta expresión y entiendes por qué estos dos grupos son comparados tan a menudo entre sí. Ambos tienen una determinación férrea, están orientados a cumplir metas y tienen un deseo ardiente de ganar. Sin embargo, hay una diferencia significativa entre ellos de la cual pocos hablan.

Los deportistas profesionales invierten incontables horas, desarrollando sus conocimientos y habilidades con el objetivo fundamental de alcanzar un nivel de maestría en su performance. Siempre están buscando convertirse en campeones en su respectivo deporte. Pasan horas, días, semanas, meses y años refinando y mejorando sus resultados, reconociendo que tener una memoria muscular fuerte es clave para su éxito. Durante la competencia, ellos no tienen tiempo para pensar. Sus cuerpos necesitan funcionar sin fallas y a niveles óptimos en aras de la inversión que hicieron durante la práctica. Literalmente, la sudan para ganar.

Los deportistas profesionales también reconocen que sus competidores son cada día más fuertes y profesionales. Saben que, si ellos no mejoran también, la competencia los dejará hechos polvo. Por eso, son estudiantes del juego que practican. Estudian los videos de sus presentaciones en busca de una ventaja competitiva. Siempre están buscando formas de mejorar.

Comparación errónea

Aquí es donde se derrumba la comparación entre deportistas profesionales y vendedores. Los deportistas profesionales *invierten* tiempo y energía en mejorarse a sí mismos, preparándose para la competencia. Los vendedores juegan el partido una y otra vez con la *esperanza* de ser cada vez mejores. Esta es una gran diferencia. Tan grande, que casi invalida la comparación.

Durante mis conversaciones con los vendedores, los escucho hablar sobre los tratos que buscan hacer, pero rara vez los escucho hablar sobre sus esfuerzos para convertirse en mejores vendedores. Si no logran cerrar una venta o pierden un negocio en manos de la competencia, en lugar de tomarlo como un mensaje claro de que necesitan mejorar, simplemente, pasan a la siguiente oportunidad de hacer negocios. No estoy sugiriendo que se sientan oprimidos cuando sucedan estas cosas, sino que deberían tomar medidas para mejorar sus conocimientos y habilidades.

Uno de mis clientes a largo plazo es un prestigioso equipo de béisbol de ligas menores. Durante una visita de verano a su estadio, el propietario me llevó a recorrer las instalaciones. Era un día de calor abrasador, de más de 100 grados de temperatura. En el campo, cuatro jugadores estaban trabajando con los entrenadores en el bloqueo de lanzamientos a tierra. Estuvieron allí todo el día bajo aquel calor abrasador. Apuesto que perdieron 10 libras solo por la copiosa manera en que sudaron ese día.

¿Por qué trabajarían tan duro en esa habilidad, bajo esas duras condiciones? Imagina que es la novena entrada en un juego de béisbol que va empatado con el equipo ganador, que está en tercera base. El lanzador da vueltas y sin querer tira el lanzamiento al suelo. No hay tiempo para que el receptor piense en bloquear la pelota. Su cuerpo necesita actuar automáticamente o el equipo pierde el juego.

Durante el recorrido por el estadio, pasamos junto a los vendedores del equipo. Estaban cómodamente sentados en una oficina con aire acondicionado. Se veían ocupados en el teléfono, trabajando con los ID para vender los boletos de la temporada y otros productos del equipo. Cuando les pregunté sobre el tiempo que ellos le dedican a "mejorar su juego", como lo hacen los jugadores en el campo, te imaginarás la respuesta que recibí. Fue un silencio ensordecedor.

Los vendedores que no invierten en sí mismos no son exclusivos de este equipo de ventas. Descubrí que la mayoría de los vendedores no invierte suficiente tiempo, fuera del juego de ventas, en mejorar su rendimiento. Al igual que en los deportes, no hay repeticiones. Si "arruinas" una llamada de ventas o una presentación, se acabó el juego. ¡Perdiste!

¿Eres un profesional de las ventas?

El multimillonario hecho a sí mismo Mark Cuban (estrella de *Shark Tank* y propietario del equipo de baloncesto Dallas Mavericks) lo dice mejor: "Trabaja como si hubiera alguien trabajando las 24 horas del día para quitártelo todo". Ciertamente, esa es la perspectiva que tienen los deportistas profesionales, pero ¿qué pasa con los vendedores? La mayoría no tiene el sentido de urgencia al cual Cuban se refiere.

Entiendo por "profesional" a alguien que está comprometido con el dominio de todo lo concerniente a su campo de acción elegido. Es alguien dispuesto a invertir en sí mismo para ser lo mejor que puede ser. Eso es lo que hacen los deportistas profesionales. Pero, ¿qué hay de ti? ¿Podrías ser referido como un vendedor profesional? ¿Te has ganado ese título? La respuesta es "sí", si posees ese deseo imparable de ser el mejor e inviertes el tiempo para lograrlo, lo que significa que estás comprometido con la estrategia de *¡Vende diferente!* relacionada con el desarrollo de habilidades.

Si un deportista profesional nota una "falencia en su juego", invierte tiempo y sudor para superarla. ¡Perder es horrible! Es doloroso. Teniendo en cuenta la cantidad de horas que ellos pasan preparándose para la competencia, no alcanzar la victoria es inaceptable. Cuando eso sucede, ellos vuelven a retomar su trabajo. Ciertamente, no solo desean ser mejores la próxima vez, sino ganar el juego. Muchos vendedores hacen exactamente eso. Vuelven al campo de juego. Sin embargo, si bien un fracaso no debería llevarlos a angustiarse, sí debería significar que necesitan ser mejores para el próximo juego y dar los pasos para mejorar ahí mismo.

Muchos deportistas profesionales contratan, de su propio bolsillo, a sus propios entrenadores para que los ayuden a pasar al siguiente nivel de rendimiento deportivo. No muchos vendedores pensarían en hacer eso. He escuchado a más de uno decir: "Si mi empresa quiere que venda mejor, que me pague un entrenador en ventas". Para mí, escuchar eso es desastroso. La empresa no es dueña de tu éxito. ¡El único dueño de tu éxito eres tú! Esta es tu carrera. Así que no esperes a que tu empresa se dé cuenta de que necesitas mejorar. ¡Entra en acción y empieza ya! Ser mejor significa que también mejorarás tus ingresos.

Rob, director de una firma de contabilidad de Nueva York, es un ejemplo perfecto de un vendedor que se apropió de mejorar su desempeño. El verano pasado, leyó mi libro *Sales Differentiation*. Si bien era un profesional de la contabilidad, también tenía responsabilidades de desarrollo comercial con las que estaba luchando. Después de leer el libro, se acercó a mí para obtener más ayuda. Cuando hablamos, me manifestó que estaba cero a ocho en los cierres de venta que había buscado hacer durante el término de los 10 últimos meses. También mencionó que su objetivo de convertirse en socio estaba en peligro, porque aún no había demostrado resultados en la adquisición de nuevos clientes.

En la mayoría de las firmas contables, si no puedes generar nuevos negocios, es muy difícil ascender al nivel de socio. Si bien Rob estaba a un paso de esta meta, le estaba costando trabajo alcanzarla. Tuvimos una conversación sobre la posibilidad de que hiciéramos un contrato de coaching de ventas y hablamos de cuál sería la tarifa correspondiente. Para mi agradable sorpresa, Bob accedió a financiar el programa de su propio bolsillo.

Durante los siguientes tres meses, desarrollamos estrategias para que las aplicara a su enfoque de venta y practicamos, practicamos y practicamos. Como resultado, su éxito fue rápido. En los meses posteriores a completar el programa, hizo 16 negocios (y contando) a los precios que él quería y comenzó a avanzar hacia su sueño de asociarse a la empresa. Lo que hace que sus logros sean aún más sorprendentes es que hizo aún más negocios durante el confinamiento por el COVID-19 en la Ciudad de Nueva York, donde se encontraban muchos de estos nuevos clientes. Si bien muchos vendedores tenían miedo de vender durante este tiempo, él estaba trabajando a toda máquina, buscando nuevos clientes.

Hasta el día de hoy, cada vez que hace un trato a los precios que quiere, Rob me envía un mensaje de texto que simplemente dice: "En la jugada". Cada vez que eso ocurre, me alegra el día, porque puedo sentirlo acercándose más y más a convertirse en socio de la empresa. No podría sentirme más contento por él.

Hay otra buena parte de la historia de Rob. Cuando él comenzó a lograr el éxito, se acercó a la empresa para dividir con ella el costo del contrato de coaching. La empresa estuvo de acuerdo, debido a que estaba tan impresionada con su desempeño que le ofreció reembolsarle el costo completo del programa, ya que se había pagado a sí mismo *más de quince veces* en muy corto tiempo. Esta es una de mis historias favoritas acerca del éxito de mis clientes. Rob merece todo el crédito por sus éxitos. ¡Se puso manos a la obra e hizo que las cosas sucedieran!

No más juegos de rol

Para los deportistas profesionales, el tiempo dedicado a mejorar se conoce como práctica. En ventas, es común que se llame "juego de roles". No soy partidario de los juegos de roles. Los vendedores lo temen y no lo toman en serio. Tan pronto como un gerente de ventas pronuncia esas palabras, los vendedores lo evaden. La mayoría preferiría hacerse un tratamiento dental de conductos que participar en sesiones de juego de roles.

Sin embargo, los vendedores necesitan aumentar sus conocimientos y mejorar en el dominio de sus habilidades. Necesitan desarrollar una fuerte memoria muscular de ventas. Si bien no creo en los juegos de roles, me encanta el concepto de "práctica de habilidades". De eso se tratan realmente estas sesiones. Lo que ocurre es que la expresión "juego de roles" no comunica la importancia del ejercicio. Cuando los deportistas profesionales practican, se colocan en situaciones de competición. Esto les permite desarrollar la memoria muscular necesaria para desempeñarse sin problemas cuando compiten. Ningún deportista profesional del planeta se presenta a una competencia sin haber invertido incontables horas preparándose para ella. Desafortunadamente, muchos vendedores hacen justamente eso. Se presentan sin haber practicado. Las llamadas de ventas que realizan hoy no son mejores que las que hacían años atrás.

No se trata solo de practicar. Para citar a Vince Lombardi Jr., "la práctica no hace la perfección. La práctica perfecta hace la perfección". He visto una buena cantidad de ocasiones en las que los vendedores no se desempeñaron bien durante las sesiones de práctica de habilidades y luego trataron de excusar su bajo desempeño. "Es difícil hacer esto frente a tus compañeros", argumentan. Pero eso no es difícil. Lo realmente difícil es pararse frente a un ID y no estar listo para el juego. Si no puedes realizar una práctica que te ayude a mejorar tus habilidades, no estás listo para el juego. ¡Así que no pongas excusas! ¡Mejora!

Un jugador de béisbol profesional no puede pararse en su zona de bateo esperando un lanzamiento mientras piensa en cómo colocar sus pies, calcula la altura de sus manos, la posición de su cabeza y la trayectoria de su swing. En una fracción de segundo, todos estos movimientos deben trabajar sistemáticamente para sacar la pelota del campo.

Lo mismo es válido para un vendedor. Si, durante una llamada de ventas, estás pensando qué preguntas hacer y qué decir, no estarás escuchando atentamente al ID. Estas reuniones no son el momento para pensar en posibles preguntas y mensajes. Si tu atención no está 100% enfocada en la conversación que estás teniendo con el ID, estás garantizando que perderás el juego. ¿Dónde desarrollarás el dominio que necesitas tener al hacer las llamadas de ventas? Pues, durante las sesiones de práctica de tus habilidades.

Imagina que vas a hacer una llamada de ventas con el fin de reunirte con un alto ejecutivo. Durante la llamada, te equivocas en lo que dices, cometes errores al colocar tus diferenciadores y fallas al responder a sus preocupaciones. Entonces, si los vendedores invierten en sí mismos, la probabilidad de cometer estos errores es nula. Ni siquiera tienen que pensar en cómo manejar la llamada de ventas, pues la "memoria muscular de ventas" se hará cargo, permitiéndoles concentrarse exclusivamente en el ID.

No estoy sugiriendo que a alguien le gusten las sesiones de práctica de habilidades más de lo que a los niños les encanta el brócoli. Muchos deportistas profesionales desprecian las sesiones de práctica. Pero, así como mamá te obligaba a comer verduras, porque te hacían más fuerte, necesitas participar en estas sesiones regularmente para convertirte en un vendedor más fuerte. Maldice las sesiones de práctica todo lo que quieras, pero cuando llegue el día de pago, ¡te alegrarás de haberlo hecho!

Maldice las sesiones de práctica todo lo que quieras, pero cuando llegue el día de pago, ¡te alegrarás de haberlo hecho!

Aprendizaje insaciable

Los deportistas profesionales suelen tardar varios meses e incluso años en lograr la más mínima mejora. Esa es otra diferencia entre ellos y los vendedores, quienes sí tienen la oportunidad de mejorar casi instantáneamente. El hecho de que estés leyendo este libro indica que tú haces parte del pequeño porcentaje de vendedores que reconocen la importancia de mejorar su juego. Alguien debería felicitarte por eso. Sin embargo, aquí está mi pregunta para ti, dado que este es el último capítulo del libro:

¿Qué vas a hacer con todo esto que has leído?

Si bien espero que haya disfrutado, leyendo *¡Vende diferente!*, que "disfrutaras" no fue mi objetivo principal al escribir este libro. Mi esperanza es que tomes todas estas herramientas que te proporcioné y hagas algo significativo con ellas para elevar tu nivel de rendimiento en el juego de las ventas. Mi recomendación es que vuelvas a leer el libro, resaltando las secciones y las páginas que te llamaron la atención y que creas que son apropiadas para ti. Tratar de implementar todos estos conceptos y estrategias al mismo tiempo no es realista y te causará una frustración innecesaria.

Para aprovechar las ventajas de las estrategias de *¡Vende diferente!* trabaja en un capítulo a la vez, agrégalo a tu juego de ventas y practícalo. Como dice el viejo refrán, "los aficionados practican hasta que lo hacen bien. Los profesionales practican hasta que no se equivoquen". Con ese enfoque, experimentarás una mejora significativa en tu nivel de rendimiento a medida que implementes cada una de estas estrategias de *¡Vende diferente!* Hazlas tuyas.

No detengas tu viaje de aprendizaje con este libro. Sigue leyendo libros y blogs de ventas. Ve más videos de ventas. Estudia a tus competidores. Desarrollar el dominio de tus ID. Conviértete en un estudiante del juego de las ventas. Ponte a prueba para ser un mejor vendedor mañana de lo que eres hoy. Y lo más importante: *¡Vende diferente!*

Concepto del desarrollo de habilidades de
¡Vende diferente!

Invierte todo el tiempo necesario para ser un mejor vendedor comparado con el que fuiste ayer.

CONCEPTOS DE ¡VENDE DIFERENTE!

1. CONCEPTO DE EXPERIENCIA DE COMPRA DE ¡VENDE DIFERENTE!

Sé genuino y haz que cada uno de los encargados de la toma de decisión de compra se sienta especial durante toda la experiencia de compra, como si esa persona fuera tu único cliente en la vida.

2. CONCEPTO DE PROSPECTAR DE ¡VENDE DIFERENTE!

Una estrategia de prospección exitosa requiere de un enfoque reflexivo tanto de los componentes cualitativos como de los cuantitativos.

3. CONCEPTO DE DESARROLLO EMPRESARIAL DE ¡VENDE DIFERENTE!

La estrategia "Si tú fueras yo" te ayuda a encontrar más de tus mejores clientes aprovechando las relaciones con los encargados de hacer la toma de decisión de compra que ya tienes.

4. CONCEPTO DE REFERIDOS DE ¡VENDE DIFERENTE!

Los referidos pasivos surgen en función de la fama y/o del buen rendimiento del producto, pero, para generar referidos activos, necesitas implementar un programa muy bien estructurado y vendedores que sepan cómo solicitarlos de la manera correcta.

5. CONCEPTO DE VENTA VIRTUAL SEGÚN ¡VENDE DIFERENTE!

Las adaptaciones al proceso de adquisición de nuevos clientes y el dominio de la tecnología son las claves del éxito de las ventas virtuales.

6. CONCEPTO DE MENTOR DE ¡VENDE DIFERENTE!

Para hacer más negocios a los precios que deseas es esencial tener un mentor bien entrenado, que esté 100% comprometido con tu solución y que tenga una gran influencia en la toma de decisiones.

7. CONCEPTO DE DESCUBRIMIENTO DE ¡VENDE DIFERENTE!

El descubrimiento integral es la base fundamental necesaria para mantener la dinámica en los negocios y para que vendas a los precios que deseas.

8. CONCEPTO DE PRECIO DE ¡VENDE DIFERENTE!

Busca solo aquellas cuentas y personas influyentes en la decisión de compra que percibirán un valor significativo en lo que vendas. Además, invierte tu tiempo con ID que tengan la autoridad necesaria para generar nuevos presupuestos y no que se vean limitados por ellos.

9. CONCEPTO DE INCORPORACIÓN DE CLIENTES DE ¡VENDE DIFERENTE!

La incorporación de clientes es el programa de empalme suficientemente documentado que conecta las circunstancias del ID con tu solución, neutralizando su miedo al cambio.

10. CONCEPTO DE PROGRAMA PILOTO DE ¡VENDE DIFERENTE!

Los programas piloto bien estructurados contribuyen a resolver los problemas de desconfianza de los ID y les generan confianza en la capacidad de desempeño de tu empresa.

11. CONCEPTO DEL CORREO ELECTRÓNICO DE RESUMEN DE ¡VENDE DIFERENTE!

Los correos electrónicos de resumen demuestran un interés genuino en una cuenta, te ayudan a destacarte de la competencia y mantienen tu negocio encaminado hacia cerrar la venta.

12. CONCEPTO DE CONSOLIDACIÓN DE NUEVAS CUENTAS DE ¡VENDE DIFERENTE!

Al centrarte en vender la gama completa de productos y servicios que ofrece tu empresa, estás eliminando vulnerabilidades y aumentando los ingresos que podrías recibir de tu cartera de clientes.

13. CONCEPTO DE ADMINISTRACIÓN DE CUENTAS DE ¡VENDE DIFERENTE!

La administración de cuentas es el valor prescriptivo y proactivo que tú les ofreces a tus clientes, más allá de los beneficios de disfrutar de lo que vendes, para así generar su bienestar y aumentar su permanencia en tu empresa, lo cual da como resultado obvio el aumento de tus ingresos y ganancias.

14. CONCEPTO DE ADMINISTRACIÓN BASADA EN PRIORIDADES DE ¡VENDE DIFERENTE!

Debes invertir cada minuto de cada día sabiamente para así maximizar el tiempo que les dedicas a las actividades propias de la venta, el rendimiento y los ingresos.

15. CONCEPTO DEL DESARROLLO DE HABILIDADES DE ¡VENDE DIFERENTE!

Invierte todo el tiempo necesario para ser un mejor vendedor comparado con el que fuiste ayer.

SOBRE EL AUTOR

Cuando los vendedores no están haciendo negocios en los niveles o puntos de precio deseados, los ejecutivos y dueños de negocios recurren a Lee B. Salz, un estratega en administración de ventas de renombre mundial y director ejecutivo de Sales Architects®. Lee, un reconocido especialista en el tema de la diferenciación en las ventas, les ayuda a las organizaciones a ganar más tratos a los precios que ellas desean. Al trabajar en todas las industrias y tipos de ventas, Lee crea estrategias de ventas ganadoras para empresas de todo el mundo. Lee, columnista destacado de *The Business Journals* y fuente de medios sobre ventas y administración de ventas, ha sido citado y destacado por el *Wall Street Journal*, CNN, *The New York Times*, MSNBC, ABC News y muchos otros medios relacionados con el campo de las ventas.

Lee es un orador principal solicitado con frecuencia en conferencias de asociaciones, reuniones de ventas y eventos virtuales. Dirige talleres personalizados sobre una amplia gama de temas relacionados con el rendimiento en las ventas, incluida la diferenciación en las ventas, el desarrollo de la fuerza de ventas, la contratación, la incorporación y la compensación.

Lee es el autor ganador de premios y *bestseller* de seis libros, entre ellos, *Sales Differentiation* y *Hire Right, Higher Profits*.

Graduado de la Universidad de Binghamton, originario de la Ciudad de Nueva York y de Nueva Jersey, Lee ahora reside con su familia en Minneapolis. Cuando no esté ayudando a sus clientes a hacer más negocios a los precios que ellos quieren, lo encontrarás haciendo prácticas de bateo con sus hijos, entrenando para su próxima competencia de levantamiento de pesas y jugando con sus perros.